《专利法实施细则》
第三次修改导读

国家知识产权局条法司　编

知识产权出版社

图书在版编目（CIP）数据

《专利法实施细则》第三次修改导读/国家知识产权局条法司编. —北京：知识产权出版社，2010.8（2014.12 重印）（2017.03 重印）
ISBN 978 - 7 - 5130 - 0118 - 2

Ⅰ.专… Ⅱ.国… Ⅲ.专利权法 – 中国 – 学习参考资料
Ⅳ. D923.425

中国版本图书馆 CIP 数据核字（2010）第 148666 号

内容提要

本书对《专利法实施细则》第三次修改的各个修改点作了简要说明，方便人们学习、理解和正确执行修改后的《专利法实施细则》。

读者对象：法律及知识产权领域相关工作人员。

责任编辑：李　琳	责任校对：董志英
装帧设计：开元图文	责任出版：卢运霞

《专利法实施细则》第三次修改导读

国家知识产权局条法司　编

出版发行：知识产权出版社有限责任公司	网　　址：http://www.ipph.cn
社　　址：北京市海淀区西外太平庄 55 号	邮　　编：100081
责编电话：010 – 82000887　82000860 转 8118	责编邮箱：lilin@cnipr.com
发行电话：010 – 82000860 转 8101/8102	发行传真：010 – 82000893/82005070/82000270
印　　刷：北京科信印刷有限公司	经　　销：各大网上书店、新华书店及相关专业书店
开　　本：880mm×1230mm　1/32	印　　张：6.25
版　　次：2010 年 8 月第 1 版	印　　次：2017 年 3 月第 3 次印刷
字　　数：170 千字	定　　价：20.00 元

ISBN 978 – 7 – 5130 – 0118 – 2/D·1051 （3060）

前　言

　　2008 年 12 月 27 日，十一届全国人大常委第六次会议通过了《关于修改〈中华人民共和国专利法〉的决定》，胡锦涛主席签署第 8 号主席令公布该决定，并宣布第三次修改后的《专利法》自 2009 年 10 月 1 日起施行。2010 年 1 月 9 日，温家宝总理签署第 569 号国务院令发布《国务院关于修改〈中华人民共和国专利法实施细则〉的决定》，并宣布第三次修改后的《专利法实施细则》自 2010 年 2 月 1 日起施行。

　　国家知识产权局于 2007 年 3 月启动了修改《专利法实施细则》的工作，公布了《专利法实施细则》修改研究的 16 项重点课题。来自高等院校等单位的专家学者组成的 21 个课题组在深入研究的基础上，于 2007 年 10 月提交了共 190 多万字的研究报告。此后，国家知识产权局对上述研究报告及其立法建议进行了汇总和分析，并分别召开研讨会。在此基础上，于 2008 年 3 月形成了《〈专利法实施细则〉修订草案（初稿）》。此后，经过多次讨论，反复推敲，于 2008 年 11 月形成了《〈中华人民共和国专利法实施条例〉修订草案（征求意见稿）》，在国家知识产权局网站上公开征求社会各界的意见。与此同时，国家知识产权局在北京等地召开一系列座谈会，听取社会各界的意见和建议。在广泛征求各方意见，并对反馈意见进行充分考虑的基础上，国家知识产权局起草了《〈专利法实施细则〉修订草案（送审稿）》，于 2009 年 2 月 27 日报请国务院审议。

　　在国务院审议过程中，国务院法制办公室将送审稿及其说明全文在网上公开征求意见，同时书面征求了有关单位和专家的意见。国务院法制办公室还会同国家知识产权局赴成都等地进行调研，并邀请最高人民法院等单位就有关问题进行研究磋商。在此基础上，国务院法制办公室对送审稿进行了反复研究、修改，形成了《国务院关于修改〈中华人民共和国专利法实施细则〉的决定（草案)》，于 2009 年 9 月 15 日报请国务院常务会议审议。2009 年 12 月 30 日，国务院第 95 次常务会议审议并原则通过了《国务院关于修改〈中华人民共和国专利法实施细则〉的决定》。

此次修改《专利法实施细则》，新增了 9 条，删除了 5 条，并对 47 条规定进行了实质性修改，是对《专利法实施细则》的一次全面修改，对完善我国专利制度具有重要意义。修改的主要内容包括：细化向外申请专利的保密审查制度，规范遗传资源信息披露，完善专利权评价报告制度，完善强制许可制度，规范对假冒专利行为的行政处罚，完善专利申请、审查程序，减少有关收费项目，改进职务发明奖励报酬制度。

在本次修改工作中，许多专家学者和相关人员积极建言献策，为《〈专利法实施细则〉修正案》的顺利出台贡献了智慧和力量。在此对所有关心支持本次《专利法实施细则》修改的各界人士表示衷心的感谢。为便于人们学习、理解和正确执行修改后的《专利法实施细则》，我们对各个修改点作了简要说明，并将有关文件汇编成册，期盼为各界人士研读和知晓专利制度尽绵薄之力。

需要说明的是，鉴于《专利法实施细则》是与《专利法》相配套的最主要的行政法规，而《专利法》先后于 1992 年、2000 年和 2008 年进行了三次修改，尽管现行《专利法实施细则》是 2001 年发布、2002 年第一次修改、2010 年第二次修改的，但为与《〈专利法〉第三次修改导读》的称谓一致，将本书的名称依然定为《〈专利法实施细则〉第三次修改导读》。

编　者

目　录

中华人民共和国国务院令

第 569 号

  《国务院关于修改〈中华人民共和国专利法实施细则〉的决定》已经 2009 年 12 月 30 日国务院第 95 次常务会议通过，现予公布，自 2010 年 2 月 1 日起施行。

总　理　温家宝

二〇一〇年一月九日

国务院关于修改
《中华人民共和国专利法实施细则》的决定

国务院决定对《中华人民共和国专利法实施细则》作如下修改：

一、删去第二条。

二、将第七条改为第六条，增加一款，作为第三款："当事人依照本条第一款或者第二款的规定请求恢复权利的，应当提交恢复权利请求书，说明理由，必要时附具有关证明文件，并办理权利丧失前应当办理的相应手续；依照本条第二款的规定请求恢复权利的，还应当缴纳恢复权利请求费。"

三、将第八条改为第七条，修改为："专利申请涉及国防利益需要保密的，由国防专利机构受理并进行审查；国务院专利行政部门受理的专利申请涉及国防利益需要保密的，应当及时移交国防专利机构进行审查。经国防专利机构审查没有发现驳回理由的，由国务院专利行政部门作出授予国防专利权的决定。

"国务院专利行政部门认为其受理的发明或者实用新型专利申请涉及国防利益以外的国家安全或者重大利益需要保密的，应当及时作出按照保密专利申请处理的决定，并通知申请人。保密专利申请的审查、复审以及保密专利权无效宣告的特殊程序，由国务院专利行政部门规定。"

四、增加一条，作为第八条："专利法第二十条所称在中国完成的发明或者实用新型，是指技术方案的实质性内容在中国境内完成的发明或者实用新型。

"任何单位或者个人将在中国完成的发明或者实用新型向外国

申请专利的，应当按照下列方式之一请求国务院专利行政部门进行保密审查：

"（一）直接向外国申请专利或者向有关国外机构提交专利国际申请的，应当事先向国务院专利行政部门提出请求，并详细说明其技术方案；

"（二）向国务院专利行政部门申请专利后拟向外国申请专利或者向有关国外机构提交专利国际申请的，应当在向外国申请专利或者向有关国外机构提交专利国际申请前向国务院专利行政部门提出请求。

"向国务院专利行政部门提交专利国际申请的，视为同时提出了保密审查请求。"

五、增加一条，作为第九条："国务院专利行政部门收到依照本细则第八条规定递交的请求后，经过审查认为该发明或者实用新型可能涉及国家安全或者重大利益需要保密的，应当及时向申请人发出保密审查通知；申请人未在其请求递交日起 4 个月内收到保密审查通知的，可以就该发明或者实用新型向外国申请专利或者向有关国外机构提交专利国际申请。

"国务院专利行政部门依照前款规定通知进行保密审查的，应当及时作出是否需要保密的决定，并通知申请人。申请人未在其请求递交日起 6 个月内收到需要保密的决定的，可以就该发明或者实用新型向外国申请专利或者向有关国外机构提交专利国际申请。"

六、将第十一条改为第十二条，第一款第（三）项修改为："退休、调离原单位后或者劳动、人事关系终止后 1 年内作出的，与其在原单位承担的本职工作或者原单位分配的任务有关的发明创造。"

七、将第十三条改为第四十一条，修改为："两个以上的申请人同日（指申请日；有优先权的，指优先权日）分别就同样的发明创造申请专利的，应当在收到国务院专利行政部门的通知后自行协商确定申请人。

"同一申请人在同日（指申请日）对同样的发明创造既申请实用新型专利又申请发明专利的，应当在申请时分别说明对同样的发明创造已申请了另一专利；未作说明的，依照专利法第九条第一款关于同样的发明创造只能授予一项专利权的规定处理。

"国务院专利行政部门公告授予实用新型专利权，应当公告申请人已依照本条第二款的规定同时申请了发明专利的说明。

"发明专利申请经审查没有发现驳回理由，国务院专利行政部门应当通知申请人在规定期限内声明放弃实用新型专利权。申请人声明放弃的，国务院专利行政部门应当作出授予发明专利权的决定，并在公告授予发明专利权时一并公告申请人放弃实用新型专利权声明。申请人不同意放弃的，国务院专利行政部门应当驳回该发明专利申请；申请人期满未答复的，视为撤回该发明专利申请。

"实用新型专利权自公告授予发明专利权之日起终止。"

八、删去第十四条。

九、将第十五条改为第十四条，增加一款，作为第三款："以专利权出质的，由出质人和质权人共同向国务院专利行政部门办理出质登记。"

十、将第十七条改为第十六条，修改为："发明、实用新型或者外观设计专利申请的请求书应当写明下列事项：

"（一）发明、实用新型或者外观设计的名称；

"（二）申请人是中国单位或者个人的，其名称或者姓名、地址、邮政编码、组织机构代码或者居民身份证件号码；申请人是外国人、外国企业或者外国其他组织的，其姓名或者名称、国籍或者注册的国家或者地区；

"（三）发明人或者设计人的姓名；

"（四）申请人委托专利代理机构的，受托机构的名称、机构代码以及该机构指定的专利代理人的姓名、执业证号码、联系电话；

"（五）要求优先权的，申请人第一次提出专利申请（以下简称在先申请）的申请日、申请号以及原受理机构的名称；

"（六）申请人或者专利代理机构的签字或者盖章；

"（七）申请文件清单；

"（八）附加文件清单；

"（九）其他需要写明的有关事项。"

十一、将第十八条改为第十七条，增加一款，作为第五款："实用新型专利申请说明书应当有表示要求保护的产品的形状、构造或者其结合的附图。"

十二、增加一条作为第二十六条："专利法所称遗传资源，是指取自人体、动物、植物或者微生物等含有遗传功能单位并具有实际或者潜在价值的材料；专利法所称依赖遗传资源完成的发明创造，是指利用了遗传资源的遗传功能完成的发明创造。

"就依赖遗传资源完成的发明创造申请专利的，申请人应当在请求书中予以说明，并填写国务院专利行政部门制定的表格。"

十三、删去第二十七条第一款。

十四、将第二十八条修改为："外观设计的简要说明应当写明外观设计产品的名称、用途，外观设计的设计要点，并指定一幅最能表明设计要点的图片或者照片。省略视图或者请求保护色彩的，应当在简要说明中写明。

"对同一产品的多项相似外观设计提出一件外观设计专利申请的，应当在简要说明中指定其中一项作为基本设计。

"简要说明不得使用商业性宣传用语，也不能用来说明产品的性能。"

十五、删去第三十条。

十六、将第三十一条改为第三十条，增加一款，作为第一款："专利法第二十四条第（一）项所称中国政府承认的国际展览会，是指国际展览会公约规定的在国际展览局注册或者由其认可的国际展览会。"

十七、将第三十二条改为第三十一条，修改为："申请人依照专利法第三十条的规定要求外国优先权的，申请人提交的在先申请文件副本应当经原受理机构证明。依照国务院专利行政部门与该受理机构签订的协议，国务院专利行政部门通过电子交换等途径获得在先申请文件副本的，视为申请人提交了经该受理机构证明的在先申请文件副本。要求本国优先权，申请人在请求书中写明在先申请的申请日和申请号的，视为提交了在先申请文件副本。

"要求优先权，但请求书中漏写或者错写在先申请的申请日、申请号和原受理机构名称中的一项或者两项内容的，国务院专利行政部门应当通知申请人在指定期限内补正；期满未补正的，视为未要求优先权。

"要求优先权的申请人的姓名或者名称与在先申请文件副本中记载的申请人姓名或者名称不一致的，应当提交优先权转让证明材料，未提交该证明材料的，视为未要求优先权。

"外观设计专利申请的申请人要求外国优先权，其在先申请未包括对外观设计的简要说明，申请人按照本细则第二十八条规定提交的简要说明未超出在先申请文件的图片或者照片表示的范围的，不影响其享有优先权。"

十八、将第三十六条改为第三十五条，修改为："依照专利法第三十一条第二款规定，将同一产品的多项相似外观设计作为一件申请提出的，对该产品的其他设计应当与简要说明中指定的基本设计相似。一件外观设计专利申请中的相似外观设计不得超过10项。

"专利法第三十一条第二款所称同一类别并且成套出售或者使用的产品的两项以上外观设计，是指各产品属于分类表中同一大类，习惯上同时出售或者同时使用，而且各产品的外观设计具有相同的设计构思。

"将两项以上外观设计作为一件申请提出的，应当将各项外观设计的顺序编号标注在每件外观设计产品各幅图片或者照片的名称之前。"

十九、将第四十四条第一款修改为："专利法第三十四条和第四十条所称初步审查，是指审查专利申请是否具备专利法第二十六条或者第二十七条规定的文件和其他必要的文件，这些文件是否符合规定的格式，并审查下列各项：

"（一）发明专利申请是否明显属于专利法第五条、第二十五条规定的情形，是否不符合专利法第十八条、第十九条第一款、第二十条第一款或者本细则第十六条、第二十六条第二款的规定，是否明显不符合专利法第二条第二款、第二十六条第五款、第三十一条第一款、第三十三条或者本细则第十七条至第二十一条的规定；

"（二）实用新型专利申请是否明显属于专利法第五条、第二十五条规定的情形，是否不符合专利法第十八条、第十九条第一款、第二十条第一款或者本细则第十六条至第十九条、第二十一条至第二十三条的规定，是否明显不符合专利法第二条第三款、第二十二条第二款、第四款、第二十六条第三款、第四款、第三十一条第一款、第三十三条或者本细则第二十条、第四十三条第一款的规定，是否依照专利法第九条规定不能取得专利权；

"（三）外观设计专利申请是否明显属于专利法第五条、第二十五条第一款第（六）项规定的情形，是否不符合专利法第十八条、第十九条第一款或者本细则第十六条、第二十七条、第二十八条的规定，是否明显不符合专利法第二条第四款、第二十三条第一款、第二十七条第二款、第三十一条第二款、第三十三条或者本细则第四十三条第一款的规定，是否依照专利法第九条规定不能取得专利权；

"（四）申请文件是否符合本细则第二条、第三条第一款的规定。"

二十、增加一条，作为第五十五条："保密专利申请经审查没有发现驳回理由的，国务院专利行政部门应当作出授予保密专利权的决定，颁发保密专利证书，登记保密专利权的有关事项。"

二十一、将第五十五条改为第五十六条，修改为："授予实用新型或者外观设计专利权的决定公告后，专利法第六十条规定的专利权人或者利害关系人可以请求国务院专利行政部门作出专利权评价报告。

"请求作出专利权评价报告的，应当提交专利权评价报告请求书，写明专利号。每项请求应当限于一项专利权。

"专利权评价报告请求书不符合规定的，国务院专利行政部门应当通知请求人在指定期限内补正；请求人期满未补正的，视为未提出请求。"

二十二、将第五十六条改为第五十七条，修改为："国务院专利行政部门应当自收到专利权评价报告请求书后 2 个月内作出专利权评价报告。对同一项实用新型或者外观设计专利权，有多个请求人请求作出专利权评价报告的，国务院专利行政部门仅作出一份专利权评价报告。任何单位或者个人可以查阅或者复制该专利权评价报告。"

二十三、将第五十九条改为第六十条，增加一款，作为第二款："复审请求不符合专利法第十九条第一款或者第四十一条第一款规定的，专利复审委员会不予受理，书面通知复审请求人并说明理由。"

二十四、将第七十一条改为第七十二条，第二款修改为："专利复审委员会作出决定之前，无效宣告请求人撤回其请求或者其无效宣告请求被视为撤回的，无效宣告请求审查程序终止。但是，专利复审委员会认为根据已进行的审查工作能够作出宣告专利权无效或者部分无效的决定的，不终止审查程序。"

二十五、增加一条，作为第七十三条："专利法第四十八条第（一）项所称未充分实施其专利，是指专利权人及其被许可人实施其专利的方式或者规模不能满足国内对专利产品或者专利方法的需求。

"专利法第五十条所称取得专利权的药品，是指解决公共健康问题所需的医药领域中的任何专利产品或者依照专利方法直接获得的产品，包括取得专利权的制造该产品所需的活性成分以及使用该产品所需的诊断用品。"

二十六、将第七十二条改为第七十四条，修改为："请求给予强制许可的，应当向国务院专利行政部门提交强制许可请求书，说明理由并附具有关证明文件。

"国务院专利行政部门应当将强制许可请求书的副本送交专利权人，专利权人应当在国务院专利行政部门指定的期限内陈述意见；期满未答复的，不影响国务院专利行政部门作出决定。

"国务院专利行政部门在作出驳回强制许可请求的决定或者给予强制许可的决定前，应当通知请求人和专利权人拟作出的决定及其理由。

"国务院专利行政部门依照专利法第五十条的规定作出给予强制许可的决定，应当同时符合中国缔结或者参加的有关国际条约关于为了解决公共健康问题而给予强制许可的规定，但中国作出保留的除外。"

二十七、增加一条，作为第七十六条："被授予专利权的单位可以与发明人、设计人约定或者在其依法制定的规章制度中规定专利法第十六条规定的奖励、报酬的方式和数额。

"企业、事业单位给予发明人或者设计人的奖励、报酬，按照国家有关财务、会计制度的规定进行处理。"

二十八、将第七十四条改为第七十七条，修改为："被授予专利权的单位未与发明人、设计人约定也未在其依法制定的规章制度中规定专利法第十六条规定的奖励的方式和数额的，应当自专利权公告之日起3个月内发给发明人或者设计人奖金。一项发明专利的奖金最低不少于3000元；一项实用新型专利或者外观设计专利的奖金最低不少于1000元。

"由于发明人或者设计人的建议被其所属单位采纳而完成的发明创造，被授予专利权的单位应当从优发给奖金。"

二十九、将第七十五条、第七十六条合并，作为第七十八条，修改为："被授予专利权的单位未与发明人、设计人约定也未在其依法制定的规章制度中规定专利法第十六条规定的报酬的方式和数额的，在专利权有效期限内，实施发明创造专利后，每年应当从实施该项发明或者实用新型专利的营业利润中提取不低于 2% 或者从实施该项外观设计专利的营业利润中提取不低于 0.2%，作为报酬给予发明人或者设计人，或者参照上述比例，给予发明人或者设计人一次性报酬；被授予专利权的单位许可其他单位或者个人实施其专利的，应当从收取的使用费中提取不低于 10%，作为报酬给予发明人或者设计人。"

三十、删去第七十七条。

三十一、第八十三条增加一款，作为第二款："专利标识不符合前款规定的，由管理专利工作的部门责令改正。"

三十二、将第八十四条、第八十五条合并，作为第八十四条，修改为："下列行为属于专利法第六十三条规定的假冒专利的行为：

"（一）在未被授予专利权的产品或者其包装上标注专利标识，专利权被宣告无效后或者终止后继续在产品或者其包装上标注专利标识，或者未经许可在产品或者产品包装上标注他人的专利号；

"（二）销售第（一）项所述产品；

"（三）在产品说明书等材料中将未被授予专利权的技术或者设计称为专利技术或者专利设计，将专利申请称为专利，或者未经许可使用他人的专利号，使公众将所涉及的技术或者设计误认为是专利技术或者专利设计；

"（四）伪造或者变造专利证书、专利文件或者专利申请文件；

"（五）其他使公众混淆，将未被授予专利权的技术或者设计误认为是专利技术或者专利设计的行为。

"专利权终止前依法在专利产品、依照专利方法直接获得的产品或者其包装上标注专利标识，在专利权终止后许诺销售、销售该产品的，不属于假冒专利行为。

"销售不知道是假冒专利的产品，并且能够证明该产品合法来源的，由管理专利工作的部门责令停止销售，但免除罚款的处罚。"

三十三、将第八十七条修改为："人民法院在审理民事案件中裁定对专利申请权或者专利权采取保全措施的，国务院专利行政部门应当在收到写明申请号或者专利号的裁定书和协助执行通知书之日中止被保全的专利申请权或者专利权的有关程序。保全期限届满，人民法院没有裁定继续采取保全措施的，国务院专利行政部门自行恢复有关程序。"

三十四、增加一条，作为第八十八条："国务院专利行政部门根据本细则第八十六条和第八十七条规定中止有关程序，是指暂停专利申请的初步审查、实质审查、复审程序，授予专利权程序和专利权无效宣告程序；暂停办理放弃、变更、转移专利权或者专利申请权手续，专利权质押手续以及专利权期限届满前的终止手续等。"

三十五、将第八十九条第一款改为第九十条，修改为："国务院专利行政部门定期出版专利公报，公布或者公告下列内容：

"（一）发明专利申请的著录事项和说明书摘要；

"（二）发明专利申请的实质审查请求和国务院专利行政部门对发明专利申请自行进行实质审查的决定；

"（三）发明专利申请公布后的驳回、撤回、视为撤回、视为放弃、恢复和转移；

"（四）专利权的授予以及专利权的著录事项；

"（五）发明或者实用新型专利的说明书摘要，外观设计专利的一幅图片或者照片；

"（六）国防专利、保密专利的解密；

"（七）专利权的无效宣告；

"（八）专利权的终止、恢复；

"（九）专利权的转移；

"（十）专利实施许可合同的备案；

"（十一）专利权的质押、保全及其解除；

"（十二）专利实施的强制许可的给予；

"（十三）专利权人的姓名或者名称、地址的变更；

"（十四）文件的公告送达；

"（十五）国务院专利行政部门作出的更正；

"（十六）其他有关事项。"

三十六、将第八十九条第二款改为第九十一条，修改为："国务院专利行政部门应当提供专利公报、发明专利申请单行本以及发明专利、实用新型专利、外观设计专利单行本，供公众免费查阅。"

三十七、增加一条，作为第九十二条："国务院专利行政部门负责按照互惠原则与其他国家、地区的专利机关或者区域性专利组织交换专利文献。"

三十八、将第九十条改为第九十三条，修改为："向国务院专利行政部门申请专利和办理其他手续时，应当缴纳下列费用：

"（一）申请费、申请附加费、公布印刷费、优先权要求费；

"（二）发明专利申请实质审查费、复审费；

"（三）专利登记费、公告印刷费、年费；

"（四）恢复权利请求费、延长期限请求费；

"（五）著录事项变更费、专利权评价报告请求费、无效宣告请求费。

"前款所列各种费用的缴纳标准，由国务院价格管理部门、财政部门会同国务院专利行政部门规定。"

三十九、将第九十二条改为第九十五条，第一款修改为："申请人应当自申请日起 2 个月内或者在收到受理通知书之日起 15 日内缴纳申请费、公布印刷费和必要的申请附加费；期满未缴纳或者未缴足的，其申请视为撤回。"

四十、删去第九十四条。

四十一、将第九十七条改为第九十九条，修改为："恢复权利请求费应当在本细则规定的相关期限内缴纳；期满未缴纳或者未缴足的，视为未提出请求。

"延长期限请求费应当在相应期限届满之日前缴纳；期满未缴纳或者未缴足的，视为未提出请求。

"著录事项变更费、专利权评价报告请求费、无效宣告请求费应当自提出请求之日起1个月内缴纳；期满未缴纳或者未缴足的，视为未提出请求。"

四十二、将第九十八条改为第一百条，修改为："申请人或者专利权人缴纳本细则规定的各种费用有困难的，可以按照规定向国务院专利行政部门提出减缴或者缓缴的请求。减缴或者缓缴的办法由国务院财政部门会同国务院价格管理部门、国务院专利行政部门规定。"

四十三、将第一百零一条、第一百零三条、第一百零五条第一款的部分内容合并，作为第一百零三条，修改为："国际申请的申请人应当在专利合作条约第二条所称的优先权日（本章简称优先权日）起30个月内，向国务院专利行政部门办理进入中国国家阶段的手续；申请人未在该期限内办理该手续的，在缴纳宽限费后，可以在自优先权日起32个月内办理进入中国国家阶段的手续。"

四十四、将第一百零一条、第一百零三条、第一百零五条第一款的部分内容合并，作为第一百零四条，修改为："申请人依照本细则第一百零三条的规定办理进入中国国家阶段的手续的，应当符合下列要求：

"（一）以中文提交进入中国国家阶段的书面声明，写明国际申请号和要求获得的专利权类型；

"（二）缴纳本细则第九十三条第一款规定的申请费、公布印刷费，必要时缴纳本细则第一百零三条规定的宽限费；

"（三）国际申请以外文提出的，提交原始国际申请的说明书和权利要求书的中文译文；

"（四）在进入中国国家阶段的书面声明中写明发明创造的名

称、申请人姓名或者名称、地址和发明人的姓名，上述内容应当与世界知识产权组织国际局（以下简称国际局）的记录一致；国际申请中未写明发明人的，在上述声明中写明发明人的姓名；

"（五）国际申请以外文提出的，提交摘要的中文译文，有附图和摘要附图的，提交附图副本和摘要附图副本，附图中有文字的，将其替换为对应的中文文字；国际申请以中文提出的，提交国际公布文件中的摘要和摘要附图副本；

"（六）在国际阶段向国际局已办理申请人变更手续的，提供变更后的申请人享有申请权的证明材料；

"（七）必要时缴纳本细则第九十三条第一款规定的申请附加费。

"符合本条第一款第（一）项至第（三）项要求的，国务院专利行政部门应当给予申请号，明确国际申请进入中国国家阶段的日期（以下简称进入日），并通知申请人其国际申请已进入中国国家阶段。

"国际申请已进入中国国家阶段，但不符合本条第一款第（四）项至第（七）项要求的，国务院专利行政部门应当通知申请人在指定期限内补正；期满未补正的，其申请视为撤回。"

四十五、将第一百条第二款与第一百零二条合并，作为第一百零五条，修改为："国际申请有下列情形之一的，其在中国的效力终止：

"（一）在国际阶段，国际申请被撤回或者被视为撤回，或者国际申请对中国的指定被撤回的；

"（二）申请人未在优先权日起 32 个月内按照本细则第一百零三条规定办理进入中国国家阶段手续的；

"（三）申请人办理进入中国国家阶段的手续，但自优先权日起 32 个月期限届满仍不符合本细则第一百零四条第（一）项至第（三）项要求的。

"依照前款第（一）项的规定，国际申请在中国的效力终止的，不适用本细则第六条的规定；依照前款第（二）项、第（三）项的规定，国际申请在中国的效力终止的，不适用本细则第六条第二款的规定。"

四十六、将第一百零四条改为第一百零六条，修改为："国际申请在国际阶段作过修改，申请人要求以经修改的申请文件为基础进行审查的，应当自进入日起2个月内提交修改部分的中文译文。在该期间内未提交中文译文的，对申请人在国际阶段提出的修改，国务院专利行政部门不予考虑。"

四十七、将第一百零五条改为第一百零七条，修改为："国际申请涉及的发明创造有专利法第二十四条第（一）项或者第（二）项所列情形之一，在提出国际申请时作过声明的，申请人应当在进入中国国家阶段的书面声明中予以说明，并自进入日起2个月内提交本细则第三十条第三款规定的有关证明文件；未予说明或者期满未提交证明文件的，其申请不适用专利法第二十四条的规定。"

四十八、增加一条，作为第一百零九条："国际申请涉及的发明创造依赖遗传资源完成的，申请人应当在国际申请进入中国国家阶段的书面声明中予以说明，并填写国务院专利行政部门制定的表格。"

四十九、将第一百零七条改为第一百一十条，第二款修改为："申请人应当自进入日起2个月内缴纳优先权要求费；期满未缴纳或者未缴足的，视为未要求该优先权。"

删去第四款。

五十、将第一百零九条改为第一百一十二条，第一款修改为："要求获得实用新型专利权的国际申请，申请人可以自进入日起2个月内对专利申请文件主动提出修改。"

五十一、删去第一百一十三条、第一百一十四条。

此外，根据2008年12月27日审议通过的《全国人民代表大会常务委员会关于修改〈中华人民共和国专利法〉的决定》，对《中华人民共和国专利法实施细则》引用《中华人民共和国专利法》的条文作了相应修改，并对部分条款顺序和文字作了相应调整。

本决定自 2010 年 2 月 1 日起施行。

《中华人民共和国专利法实施细则》根据本决定作相应的修改，重新公布。

中华人民共和国专利法实施细则

（2001 年 6 月 15 日中华人民共和国国务院令第 306
号公布　根据 2002 年 12 月 28 日《国务院关于修改〈中
华人民共和国专利法实施细则〉的决定》第一次修订
根据 2010 年 1 月 9 日《国务院关于修改〈中华人民共和
国专利法实施细则〉的决定》第二次修订）

第一章　总　　则

第一条　根据《中华人民共和国专利法》（以下简称专利法），
制定本细则。

第二条　专利法和本细则规定的各种手续，应当以书面形式或
者国务院专利行政部门规定的其他形式办理。

第三条　依照专利法和本细则规定提交的各种文件应当使用中
文；国家有统一规定的科技术语的，应当采用规范词；外国人名、
地名和科技术语没有统一中文译文的，应当注明原文。

依照专利法和本细则规定提交的各种证件和证明文件是外文
的，国务院专利行政部门认为必要时，可以要求当事人在指定期限
内附送中文译文；期满未附送的，视为未提交该证件和证明文件。

第四条　向国务院专利行政部门邮寄的各种文件，以寄出的邮
戳日为递交日；邮戳日不清晰的，除当事人能够提出证明外，以国
务院专利行政部门收到日为递交日。

国务院专利行政部门的各种文件，可以通过邮寄、直接送交或
者其他方式送达当事人。当事人委托专利代理机构的，文件送交专

利代理机构；未委托专利代理机构的，文件送交请求书中指明的联系人。

国务院专利行政部门邮寄的各种文件，自文件发出之日起满15日，推定为当事人收到文件之日。

根据国务院专利行政部门规定应当直接送交的文件，以交付日为送达日。

文件送交地址不清，无法邮寄的，可以通过公告的方式送达当事人。自公告之日起满1个月，该文件视为已经送达。

第五条 专利法和本细则规定的各种期限的第一日不计算在期限内。期限以年或者月计算的，以其最后一月的相应日为期限届满日；该月无相应日的，以该月最后一日为期限届满日；期限届满日是法定休假日的，以休假日后的第一个工作日为期限届满日。

第六条 当事人因不可抗拒的事由而延误专利法或者本细则规定的期限或者国务院专利行政部门指定的期限，导致其权利丧失的，自障碍消除之日起2个月内，最迟自期限届满之日起2年内，可以向国务院专利行政部门请求恢复权利。

除前款规定的情形外，当事人因其他正当理由延误专利法或者本细则规定的期限或者国务院专利行政部门指定的期限，导致其权利丧失的，可以自收到国务院专利行政部门的通知之日起2个月内向国务院专利行政部门请求恢复权利。

当事人依照本条第一款或者第二款的规定请求恢复权利的，应当提交恢复权利请求书，说明理由，必要时附具有关证明文件，并办理权利丧失前应当办理的相应手续；依照本条第二款的规定请求恢复权利的，还应当缴纳恢复权利请求费。

当事人请求延长国务院专利行政部门指定的期限的，应当在期限届满前，向国务院专利行政部门说明理由并办理有关手续。

本条第一款和第二款的规定不适用专利法第二十四条、第二十九条、第四十二条、第六十八条规定的期限。

第七条 专利申请涉及国防利益需要保密的，由国防专利机构受理并进行审查；国务院专利行政部门受理的专利申请涉及国防利益需要保密的，应当及时移交国防专利机构进行审查。经国防专利机构审查没有发现驳回理由的，由国务院专利行政部门作出授予国防专利权的决定。

国务院专利行政部门认为其受理的发明或者实用新型专利申请涉及国防利益以外的国家安全或者重大利益需要保密的，应当及时作出按照保密专利申请处理的决定，并通知申请人。保密专利申请的审查、复审以及保密专利权无效宣告的特殊程序，由国务院专利行政部门规定。

第八条 专利法第二十条所称在中国完成的发明或者实用新型，是指技术方案的实质性内容在中国境内完成的发明或者实用新型。

任何单位或者个人将在中国完成的发明或者实用新型向外国申请专利的，应当按照下列方式之一请求国务院专利行政部门进行保密审查：

（一）直接向外国申请专利或者向有关国外机构提交专利国际申请的，应当事先向国务院专利行政部门提出请求，并详细说明其技术方案；

（二）向国务院专利行政部门申请专利后拟向外国申请专利或者向有关国外机构提交专利国际申请的，应当在向外国申请专利或者向有关国外机构提交专利国际申请前向国务院专利行政部门提出请求。

向国务院专利行政部门提交专利国际申请的，视为同时提出了保密审查请求。

第九条 国务院专利行政部门收到依照本细则第八条规定递交的请求后，经过审查认为该发明或者实用新型可能涉及国家安全或者重大利益需要保密的，应当及时向申请人发出保密审查通知；申请人未在其请求递交日起4个月内收到保密审查通知的，可以就该发明或者实用新型向外国申请专利或者向有关国外机构提交专利国际申请。

国务院专利行政部门依照前款规定通知进行保密审查的，应当及时作出是否需要保密的决定，并通知申请人。申请人未在其请求递交日起6个月内收到需要保密的决定的，可以就该发明或者实用新型向外国申请专利或者向有关国外机构提交专利国际申请。

第十条 专利法第五条所称违反法律的发明创造，不包括仅其实施为法律所禁止的发明创造。

第十一条 除专利法第二十八条和第四十二条规定的情形外，专利法所称申请日，有优先权的，指优先权日。

本细则所称申请日，除另有规定的外，是指专利法第二十八条规定的申请日。

第十二条 专利法第六条所称执行本单位的任务所完成的职务发明创造，是指：

（一）在本职工作中作出的发明创造；

（二）履行本单位交付的本职工作之外的任务所作出的发明创造；

（三）退休、调离原单位后或者劳动、人事关系终止后1年内作出的，与其在原单位承担的本职工作或者原单位分配的任务有关的发明创造。

专利法第六条所称本单位，包括临时工作单位；专利法第六条所称本单位的物质技术条件，是指本单位的资金、设备、零部件、原材料或者不对外公开的技术资料等。

第十三条 专利法所称发明人或者设计人，是指对发明创造的实质性特点作出创造性贡献的人。在完成发明创造过程中，只负责组织工作的人、为物质技术条件的利用提供方便的人或者从事其他辅助工作的人，不是发明人或者设计人。

第十四条 除依照专利法第十条规定转让专利权外，专利权因其他事由发生转移的，当事人应当凭有关证明文件或者法律文书向国务院专利行政部门办理专利权转移手续。

专利权人与他人订立的专利实施许可合同，应当自合同生效之日起 3 个月内向国务院专利行政部门备案。

以专利权出质的，由出质人和质权人共同向国务院专利行政部门办理出质登记。

第二章　专利的申请

第十五条　以书面形式申请专利的，应当向国务院专利行政部门提交申请文件一式两份。

以国务院专利行政部门规定的其他形式申请专利的，应当符合规定的要求。

申请人委托专利代理机构向国务院专利行政部门申请专利和办理其他专利事务的，应当同时提交委托书，写明委托权限。

申请人有 2 人以上且未委托专利代理机构的，除请求书中另有声明的外，以请求书中指明的第一申请人为代表人。

第十六条　发明、实用新型或者外观设计专利申请的请求书应当写明下列事项：

（一）发明、实用新型或者外观设计的名称；

（二）申请人是中国单位或者个人的，其名称或者姓名、地址、邮政编码、组织机构代码或者居民身份证件号码；申请人是外国人、外国企业或者外国其他组织的，其姓名或者名称、国籍或者注册的国家或者地区；

（三）发明人或者设计人的姓名；

（四）申请人委托专利代理机构的，受托机构的名称、机构代码以及该机构指定的专利代理人的姓名、执业证号码、联系电话；

（五）要求优先权的，申请人第一次提出专利申请（以下简称在先申请）的申请日、申请号以及原受理机构的名称；

（六）申请人或者专利代理机构的签字或者盖章；

（七）申请文件清单；

（八）附加文件清单；

（九）其他需要写明的有关事项。

第十七条 发明或者实用新型专利申请的说明书应当写明发明或者实用新型的名称，该名称应当与请求书中的名称一致。说明书应当包括下列内容：

（一）技术领域：写明要求保护的技术方案所属的技术领域；

（二）背景技术：写明对发明或者实用新型的理解、检索、审查有用的背景技术；有可能的，并引证反映这些背景技术的文件；

（三）发明内容：写明发明或者实用新型所要解决的技术问题以及解决其技术问题采用的技术方案，并对照现有技术写明发明或者实用新型的有益效果；

（四）附图说明：说明书有附图的，对各幅附图作简略说明；

（五）具体实施方式：详细写明申请人认为实现发明或者实用新型的优选方式；必要时，举例说明；有附图的，对照附图。

发明或者实用新型专利申请人应当按照前款规定的方式和顺序撰写说明书，并在说明书每一部分前面写明标题，除非其发明或者实用新型的性质用其他方式或者顺序撰写能节约说明书的篇幅并使他人能够准确理解其发明或者实用新型。

发明或者实用新型说明书应当用词规范、语句清楚，并不得使用"如权利要求……所述的……"一类的引用语，也不得使用商业性宣传用语。

发明专利申请包含一个或者多个核苷酸或者氨基酸序列的，说明书应当包括符合国务院专利行政部门规定的序列表。申请人应当将该序列表作为说明书的一个单独部分提交，并按照国务院专利行政部门的规定提交该序列表的计算机可读形式的副本。

实用新型专利申请说明书应当有表示要求保护的产品的形状、构造或者其结合的附图。

第十八条 发明或者实用新型的几幅附图应当按照"图1，图2，……"顺序编号排列。

发明或者实用新型说明书文字部分中未提及的附图标记不得在附图中出现，附图中未出现的附图标记不得在说明书文字部分中提及。申请文件中表示同一组成部分的附图标记应当一致。

附图中除必需的词语外，不应当含有其他注释。

第十九条 权利要求书应当记载发明或者实用新型的技术特征。

权利要求书有几项权利要求的，应当用阿拉伯数字顺序编号。

权利要求书中使用的科技术语应当与说明书中使用的科技术语一致，可以有化学式或者数学式，但是不得有插图。除绝对必要的外，不得使用"如说明书……部分所述"或者"如图……所示"的用语。

权利要求中的技术特征可以引用说明书附图中相应的标记，该标记应当放在相应的技术特征后并置于括号内，便于理解权利要求。附图标记不得解释为对权利要求的限制。

第二十条 权利要求书应当有独立权利要求，也可以有从属权利要求。

独立权利要求应当从整体上反映发明或者实用新型的技术方案，记载解决技术问题的必要技术特征。

从属权利要求应当用附加的技术特征，对引用的权利要求作进一步限定。

第二十一条 发明或者实用新型的独立权利要求应当包括前序部分和特征部分，按照下列规定撰写：

（一）前序部分：写明要求保护的发明或者实用新型技术方案的主题名称和发明或者实用新型主题与最接近的现有技术共有的必要技术特征；

（二）特征部分：使用"其特征是……"或者类似的用语，写明发明或者实用新型区别于最接近的现有技术的技术特征。这些特征和前序部分写明的特征合在一起，限定发明或者实用新型要求保护的范围。

发明或者实用新型的性质不适于用前款方式表达的，独立权利要求可以用其他方式撰写。

一项发明或者实用新型应当只有一个独立权利要求，并写在同一发明或者实用新型的从属权利要求之前。

第二十二条　发明或者实用新型的从属权利要求应当包括引用部分和限定部分，按照下列规定撰写：

（一）引用部分：写明引用的权利要求的编号及其主题名称；

（二）限定部分：写明发明或者实用新型附加的技术特征。

从属权利要求只能引用在前的权利要求。引用两项以上权利要求的多项从属权利要求，只能以择一方式引用在前的权利要求，并不得作为另一项多项从属权利要求的基础。

第二十三条　说明书摘要应当写明发明或者实用新型专利申请所公开内容的概要，即写明发明或者实用新型的名称和所属技术领域，并清楚地反映所要解决的技术问题、解决该问题的技术方案的要点以及主要用途。

说明书摘要可以包含最能说明发明的化学式；有附图的专利申请，还应当提供一幅最能说明该发明或者实用新型技术特征的附图。附图的大小及清晰度应当保证在该图缩小到 4 厘米 ×6 厘米时，仍能清晰地分辨出图中的各个细节。摘要文字部分不得超过 300 个字。摘要中不得使用商业性宣传用语。

第二十四条　申请专利的发明涉及新的生物材料，该生物材料公众不能得到，并且对该生物材料的说明不足以使所属领域的技术人员实施其发明的，除应当符合专利法和本细则的有关规定外，申请人还应当办理下列手续：

（一）在申请日前或者最迟在申请日（有优先权的，指优先权日），将该生物材料的样品提交国务院专利行政部门认可的保藏单位保藏，并在申请时或者最迟自申请日起 4 个月内提交保藏单位出具的保藏证明和存活证明；期满未提交证明的，该样品视为未提交保藏；

（二）在申请文件中，提供有关该生物材料特征的资料；

（三）涉及生物材料样品保藏的专利申请应当在请求书和说明书中写明该生物材料的分类命名（注明拉丁文名称）、保藏该生物材料样品的单位名称、地址、保藏日期和保藏编号；申请时未写明的，应当自申请日起4个月内补正；期满未补正的，视为未提交保藏。

第二十五条　发明专利申请人依照本细则第二十四条的规定保藏生物材料样品的，在发明专利申请公布后，任何单位或者个人需要将该专利申请所涉及的生物材料作为实验目的使用的，应当向国务院专利行政部门提出请求，并写明下列事项：

（一）请求人的姓名或者名称和地址；

（二）不向其他任何人提供该生物材料的保证；

（三）在授予专利权前，只作为实验目的使用的保证。

第二十六条　专利法所称遗传资源，是指取自人体、动物、植物或者微生物等含有遗传功能单位并具有实际或者潜在价值的材料；专利法所称依赖遗传资源完成的发明创造，是指利用了遗传资源的遗传功能完成的发明创造。

就依赖遗传资源完成的发明创造申请专利的，申请人应当在请求书中予以说明，并填写国务院专利行政部门制定的表格。

第二十七条　申请人请求保护色彩的，应当提交彩色图片或者照片。

申请人应当就每件外观设计产品所需要保护的内容提交有关图片或者照片。

第二十八条　外观设计的简要说明应当写明外观设计产品的名称、用途，外观设计的设计要点，并指定一幅最能表明设计要点的图片或者照片。省略视图或者请求保护色彩的，应当在简要说明中写明。

对同一产品的多项相似外观设计提出一件外观设计专利申请的，应当在简要说明中指定其中一项作为基本设计。

简要说明不得使用商业性宣传用语，也不能用来说明产品的性能。

第二十九条 国务院专利行政部门认为必要时，可以要求外观设计专利申请人提交使用外观设计的产品样品或者模型。样品或者模型的体积不得超过 30 厘米×30 厘米×30 厘米，重量不得超过 15 公斤。易腐、易损或者危险品不得作为样品或者模型提交。

第三十条 专利法第二十四条第（一）项所称中国政府承认的国际展览会，是指国际展览会公约规定的在国际展览局注册或者由其认可的国际展览会。

专利法第二十四条第（二）项所称学术会议或者技术会议，是指国务院有关主管部门或者全国性学术团体组织召开的学术会议或者技术会议。

申请专利的发明创造有专利法第二十四条第（一）项或者第（二）项所列情形的，申请人应当在提出专利申请时声明，并自申请日起 2 个月内提交有关国际展览会或者学术会议、技术会议的组织单位出具的有关发明创造已经展出或者发表，以及展出或者发表日期的证明文件。

申请专利的发明创造有专利法第二十四条第（三）项所列情形的，国务院专利行政部门认为必要时，可以要求申请人在指定期限内提交证明文件。

申请人未依照本条第三款的规定提出声明和提交证明文件的，或者未依照本条第四款的规定在指定期限内提交证明文件的，其申请不适用专利法第二十四条的规定。

第三十一条 申请人依照专利法第三十条的规定要求外国优先权的，申请人提交的在先申请文件副本应当经原受理机构证明。依照国务院专利行政部门与该受理机构签订的协议，国务院专利行政部门通过电子交换等途径获得在先申请文件副本的，视为申请人提交了经该受理机构证明的在先申请文件副本。要求本国优先权，申请人在请求书中写明在先申请的申请日和申请号的，视为提交了在先申请文件副本。

要求优先权，但请求书中漏写或者错写在先申请的申请日、申请号和原受理机构名称中的一项或者两项内容的，国务院专利行政部门应当通知申请人在指定期限内补正；期满未补正的，视为未要求优先权。

要求优先权的申请人的姓名或者名称与在先申请文件副本中记载的申请人姓名或者名称不一致的，应当提交优先权转让证明材料，未提交该证明材料的，视为未要求优先权。

外观设计专利申请的申请人要求外国优先权，其在先申请未包括对外观设计的简要说明，申请人按照本细则第二十八条规定提交的简要说明未超出在先申请文件的图片或者照片表示的范围的，不影响其享有优先权。

第三十二条　申请人在一件专利申请中，可以要求一项或者多项优先权；要求多项优先权的，该申请的优先权期限从最早的优先权日起计算。

申请人要求本国优先权，在先申请是发明专利申请的，可以就相同主题提出发明或者实用新型专利申请；在先申请是实用新型专利申请的，可以就相同主题提出实用新型或者发明专利申请。但是，提出后一申请时，在先申请的主题有下列情形之一的，不得作为要求本国优先权的基础：

（一）已经要求外国优先权或者本国优先权的；

（二）已经被授予专利权的；

（三）属于按照规定提出的分案申请的。

申请人要求本国优先权的，其在先申请自后一申请提出之日起即视为撤回。

第三十三条　在中国没有经常居所或者营业所的申请人，申请专利或者要求外国优先权的，国务院专利行政部门认为必要时，可以要求其提供下列文件：

（一）申请人是个人的，其国籍证明；

（二）申请人是企业或者其他组织的，其注册的国家或者地区的证明文件；

（三）申请人的所属国，承认中国单位和个人可以按照该国国民的同等条件，在该国享有专利权、优先权和其他与专利有关的权利的证明文件。

第三十四条 依照专利法第三十一条第一款规定，可以作为一件专利申请提出的属于一个总的发明构思的两项以上的发明或者实用新型，应当在技术上相互关联，包含一个或者多个相同或者相应的特定技术特征，其中特定技术特征是指每一项发明或者实用新型作为整体，对现有技术作出贡献的技术特征。

第三十五条 依照专利法第三十一条第二款规定，将同一产品的多项相似外观设计作为一件申请提出的，对该产品的其他设计应当与简要说明中指定的基本设计相似。一件外观设计专利申请中的相似外观设计不得超过 10 项。

专利法第三十一条第二款所称同一类别并且成套出售或者使用的产品的两项以上外观设计，是指各产品属于分类表中同一大类，习惯上同时出售或者同时使用，而且各产品的外观设计具有相同的设计构思。

将两项以上外观设计作为一件申请提出的，应当将各项外观设计的顺序编号标注在每件外观设计产品各幅图片或者照片的名称之前。

第三十六条 申请人撤回专利申请的，应当向国务院专利行政部门提出声明，写明发明创造的名称、申请号和申请日。

撤回专利申请的声明在国务院专利行政部门作好公布专利申请文件的印刷准备工作后提出的，申请文件仍予公布；但是，撤回专利申请的声明应当在以后出版的专利公报上予以公告。

第三章　专利申请的审查和批准

第三十七条　在初步审查、实质审查、复审和无效宣告程序中，实施审查和审理的人员有下列情形之一的，应当自行回避，当事人或者其他利害关系人可以要求其回避：

（一）是当事人或者其代理人的近亲属的；

（二）与专利申请或者专利权有利害关系的；

（三）与当事人或者其代理人有其他关系，可能影响公正审查和审理的；

（四）专利复审委员会成员曾参与原申请的审查的。

第三十八条　国务院专利行政部门收到发明或者实用新型专利申请的请求书、说明书（实用新型必须包括附图）和权利要求书，或者外观设计专利申请的请求书、外观设计的图片或者照片和简要说明后，应当明确申请日、给予申请号，并通知申请人。

第三十九条　专利申请文件有下列情形之一的，国务院专利行政部门不予受理，并通知申请人：

（一）发明或者实用新型专利申请缺少请求书、说明书（实用新型无附图）或者权利要求书的，或者外观设计专利申请缺少请求书、图片或者照片、简要说明的；

（二）未使用中文的；

（三）不符合本细则第一百二十一条第一款规定的；

（四）请求书中缺少申请人姓名或者名称，或者缺少地址的；

（五）明显不符合专利法第十八条或者第十九条第一款的规定的；

（六）专利申请类别（发明、实用新型或者外观设计）不明确或者难以确定的。

第四十条　说明书中写有对附图的说明但无附图或者缺少部分附图的，申请人应当在国务院专利行政部门指定的期限内补交附图或者声明取消对附图的说明。申请人补交附图的，以向国务院专利行政部门提交或者邮寄附图之日为申请日；取消对附图的说明的，保留原申请日。

第四十一条 两个以上的申请人同日（指申请日；有优先权的，指优先权日）分别就同样的发明创造申请专利的，应当在收到国务院专利行政部门的通知后自行协商确定申请人。

同一申请人在同日（指申请日）对同样的发明创造既申请实用新型专利又申请发明专利的，应当在申请时分别说明对同样的发明创造已申请了另一专利；未作说明的，依照专利法第九条第一款关于同样的发明创造只能授予一项专利权的规定处理。

国务院专利行政部门公告授予实用新型专利权，应当公告申请人已依照本条第二款的规定同时申请了发明专利的说明。

发明专利申请经审查没有发现驳回理由，国务院专利行政部门应当通知申请人在规定期限内声明放弃实用新型专利权。申请人声明放弃的，国务院专利行政部门应当作出授予发明专利权的决定，并在公告授予发明专利权时一并公告申请人放弃实用新型专利权声明。申请人不同意放弃的，国务院专利行政部门应当驳回该发明专利申请；申请人期满未答复的，视为撤回该发明专利申请。

实用新型专利权自公告授予发明专利权之日起终止。

第四十二条 一件专利申请包括两项以上发明、实用新型或者外观设计的，申请人可以在本细则第五十四条第一款规定的期限届满前，向国务院专利行政部门提出分案申请；但是，专利申请已经被驳回、撤回或者视为撤回的，不能提出分案申请。

国务院专利行政部门认为一件专利申请不符合专利法第三十一条和本细则第三十四条或者第三十五条的规定的，应当通知申请人在指定期限内对其申请进行修改；申请人期满未答复的，该申请视为撤回。

分案的申请不得改变原申请的类别。

第四十三条 依照本细则第四十二条规定提出的分案申请，可以保留原申请日，享有优先权的，可以保留优先权日，但是不得超出原申请记载的范围。

分案申请应当依照专利法及本细则的规定办理有关手续。

分案申请的请求书中应当写明原申请的申请号和申请日。提交分案申请时，申请人应当提交原申请文件副本；原申请享有优先权的，并应当提交原申请的优先权文件副本。

第四十四条 专利法第三十四条和第四十条所称初步审查，是指审查专利申请是否具备专利法第二十六条或者第二十七条规定的文件和其他必要的文件，这些文件是否符合规定的格式，并审查下列各项：

（一）发明专利申请是否明显属于专利法第五条、第二十五条规定的情形，是否不符合专利法第十八条、第十九条第一款、第二十条第一款或者本细则第十六条、第二十六条第二款的规定，是否明显不符合专利法第二条第二款、第二十六条第五款、第三十一条第一款、第三十三条或者本细则第十七条至第二十一条的规定；

（二）实用新型专利申请是否明显属于专利法第五条、第二十五条规定的情形，是否不符合专利法第十八条、第十九条第一款、第二十条第一款或者本细则第十六条至第十九条、第二十一条至第二十三条的规定，是否明显不符合专利法第二条第三款、第二十二条第二款、第四款、第二十六条第三款、第四款、第三十一条第一款、第三十三条或者本细则第二十条、第四十三条第一款的规定，是否依照专利法第九条规定不能取得专利权；

（三）外观设计专利申请是否明显属于专利法第五条、第二十五条第一款第（六）项规定的情形，是否不符合专利法第十八条、第十九条第一款或者本细则第十六条、第二十七条、第二十八条的规定，是否明显不符合专利法第二条第四款、第二十三条第一款、第二十七条第二款、第三十一条第二款、第三十三条或者本细则第四十三条第一款的规定，是否依照专利法第九条规定不能取得专利权；

（四）申请文件是否符合本细则第二条、第三条第一款的规定。

国务院专利行政部门应当将审查意见通知申请人，要求其在指定期限内陈述意见或者补正；申请人期满未答复的，其申请视为撤回。申请人陈述意见或者补正后，国务院专利行政部门仍然认为不符合前款所列各项规定的，应当予以驳回。

第四十五条 除专利申请文件外，申请人向国务院专利行政部门提交的与专利申请有关的其他文件有下列情形之一的，视为未提交：

（一）未使用规定的格式或者填写不符合规定的；

（二）未按照规定提交证明材料的。

国务院专利行政部门应当将视为未提交的审查意见通知申请人。

第四十六条 申请人请求早日公布其发明专利申请的，应当向国务院专利行政部门声明。国务院专利行政部门对该申请进行初步审查后，除予以驳回的外，应当立即将申请予以公布。

第四十七条 申请人写明使用外观设计的产品及其所属类别的，应当使用国务院专利行政部门公布的外观设计产品分类表。未写明使用外观设计的产品所属类别或者所写的类别不确切的，国务院专利行政部门可以予以补充或者修改。

第四十八条 自发明专利申请公布之日起至公告授予专利权之日止，任何人均可以对不符合专利法规定的专利申请向国务院专利行政部门提出意见，并说明理由。

第四十九条 发明专利申请人因有正当理由无法提交专利法第三十六条规定的检索资料或者审查结果资料的，应当向国务院专利行政部门声明，并在得到有关资料后补交。

第五十条 国务院专利行政部门依照专利法第三十五条第二款的规定对专利申请自行进行审查时，应当通知申请人。

第五十一条 发明专利申请人在提出实质审查请求时以及在收

到国务院专利行政部门发出的发明专利申请进入实质审查阶段通知书之日起的 3 个月内，可以对发明专利申请主动提出修改。

实用新型或者外观设计专利申请人自申请日起 2 个月内，可以对实用新型或者外观设计专利申请主动提出修改。

申请人在收到国务院专利行政部门发出的审查意见通知书后对专利申请文件进行修改的，应当针对通知书指出的缺陷进行修改。

国务院专利行政部门可以自行修改专利申请文件中文字和符号的明显错误。国务院专利行政部门自行修改的，应当通知申请人。

第五十二条 发明或者实用新型专利申请的说明书或者权利要求书的修改部分，除个别文字修改或者增删外，应当按照规定格式提交替换页。外观设计专利申请的图片或者照片的修改，应当按照规定提交替换页。

第五十三条 依照专利法第三十八条的规定，发明专利申请经实质审查应当予以驳回的情形是指：

（一）申请属于专利法第五条、第二十五条规定的情形，或者依照专利法第九条规定不能取得专利权的；

（二）申请不符合专利法第二条第二款、第二十条第一款、第二十二条、第二十六条第三款、第四款、第五款、第三十一条第一款或者本细则第二十条第二款规定的；

（三）申请的修改不符合专利法第三十三条规定，或者分案的申请不符合本细则第四十三条第一款的规定的。

第五十四条 国务院专利行政部门发出授予专利权的通知后，申请人应当自收到通知之日起 2 个月内办理登记手续。申请人按期办理登记手续的，国务院专利行政部门应当授予专利权，颁发专利证书，并予以公告。

期满未办理登记手续的，视为放弃取得专利权的权利。

第五十五条 保密专利申请经审查没有发现驳回理由的，国务院专利行政部门应当作出授予保密专利权的决定，颁发保密专利证书，登记保密专利权的有关事项。

第五十六条　授予实用新型或者外观设计专利权的决定公告后，专利法第六十条规定的专利权人或者利害关系人可以请求国务院专利行政部门作出专利权评价报告。

请求作出专利权评价报告的，应当提交专利权评价报告请求书，写明专利号。每项请求应当限于一项专利权。

专利权评价报告请求书不符合规定的，国务院专利行政部门应当通知请求人在指定期限内补正；请求人期满未补正的，视为未提出请求。

第五十七条　国务院专利行政部门应当自收到专利权评价报告请求书后2个月内作出专利权评价报告。对同一项实用新型或者外观设计专利权，有多个请求人请求作出专利权评价报告的，国务院专利行政部门仅作出一份专利权评价报告。任何单位或者个人可以查阅或者复制该专利权评价报告。

第五十八条　国务院专利行政部门对专利公告、专利单行本中出现的错误，一经发现，应当及时更正，并对所作更正予以公告。

第四章　专利申请的复审与专利权的无效宣告

第五十九条　专利复审委员会由国务院专利行政部门指定的技术专家和法律专家组成，主任委员由国务院专利行政部门负责人兼任。

第六十条　依照专利法第四十一条的规定向专利复审委员会请求复审的，应当提交复审请求书，说明理由，必要时还应当附具有关证据。

复审请求不符合专利法第十九条第一款或者第四十一条第一款规定的，专利复审委员会不予受理，书面通知复审请求人并说明理由。

复审请求书不符合规定格式的，复审请求人应当在专利复审委员会指定的期限内补正；期满未补正的，该复审请求视为未提出。

第六十一条　请求人在提出复审请求或者在对专利复审委员会的复审通知书作出答复时，可以修改专利申请文件；但是，修改应当仅限于消除驳回决定或者复审通知书指出的缺陷。

修改的专利申请文件应当提交一式两份。

第六十二条　专利复审委员会应当将受理的复审请求书转交国务院专利行政部门原审查部门进行审查。原审查部门根据复审请求人的请求，同意撤销原决定的，专利复审委员会应当据此作出复审决定，并通知复审请求人。

第六十三条　专利复审委员会进行复审后，认为复审请求不符合专利法和本细则有关规定的，应当通知复审请求人，要求其在指定期限内陈述意见。期满未答复的，该复审请求视为撤回；经陈述意见或者进行修改后，专利复审委员会认为仍不符合专利法和本细则有关规定的，应当作出维持原驳回决定的复审决定。

专利复审委员会进行复审后，认为原驳回决定不符合专利法和本细则有关规定的，或者认为经过修改的专利申请文件消除了原驳回决定指出的缺陷的，应当撤销原驳回决定，由原审查部门继续进行审查程序。

第六十四条　复审请求人在专利复审委员会作出决定前，可以撤回其复审请求。

复审请求人在专利复审委员会作出决定前撤回其复审请求的，复审程序终止。

第六十五条　依照专利法第四十五条的规定，请求宣告专利权无效或者部分无效的，应当向专利复审委员会提交专利权无效宣告请求书和必要的证据一式两份。无效宣告请求书应当结合提交的所有证据，具体说明无效宣告请求的理由，并指明每项理由所依据的证据。

前款所称无效宣告请求的理由，是指被授予专利的发明创造不符合专利法第二条、第二十条第一款、第二十二条、第二十三条、第二十六条第三款、第四款、第二十七条第二款、第三十三条或者本细则第二十条第二款、第四十三条第一款的规定，或者属于专利法第五条、第二十五条的规定，或者依照专利法第九条规定不能取得专利权。

第六十六条 专利权无效宣告请求不符合专利法第十九条第一款或者本细则第六十五条规定的，专利复审委员会不予受理。

在专利复审委员会就无效宣告请求作出决定之后，又以同样的理由和证据请求无效宣告的，专利复审委员会不予受理。

以不符合专利法第二十三条第三款的规定为理由请求宣告外观设计专利权无效，但是未提交证明权利冲突的证据的，专利复审委员会不予受理。

专利权无效宣告请求书不符合规定格式的，无效宣告请求人应当在专利复审委员会指定的期限内补正；期满未补正的，该无效宣告请求视为未提出。

第六十七条 在专利复审委员会受理无效宣告请求后，请求人可以在提出无效宣告请求之日起 1 个月内增加理由或者补充证据。逾期增加理由或者补充证据的，专利复审委员会可以不予考虑。

第六十八条 专利复审委员会应当将专利权无效宣告请求书和有关文件的副本送交专利权人，要求其在指定的期限内陈述意见。

专利权人和无效宣告请求人应当在指定期限内答复专利复审委员会发出的转送文件通知书或者无效宣告请求审查通知书；期满未答复的，不影响专利复审委员会审理。

第六十九条 在无效宣告请求的审查过程中，发明或者实用新型专利的专利权人可以修改其权利要求书，但是不得扩大原专利的保护范围。

发明或者实用新型专利的专利权人不得修改专利说明书和附图，外观设计专利的专利权人不得修改图片、照片和简要说明。

第七十条 专利复审委员会根据当事人的请求或者案情需要，可以决定对无效宣告请求进行口头审理。

专利复审委员会决定对无效宣告请求进行口头审理的，应当向当事人发出口头审理通知书，告知举行口头审理的日期和地点。当事人应当在通知书指定的期限内作出答复。

无效宣告请求人对专利复审委员会发出的口头审理通知书在指定的期限内未作答复，并且不参加口头审理的，其无效宣告请求视为撤回；专利权人不参加口头审理的，可以缺席审理。

第七十一条 在无效宣告请求审查程序中，专利复审委员会指定的期限不得延长。

第七十二条 专利复审委员会对无效宣告的请求作出决定前，无效宣告请求人可以撤回其请求。

专利复审委员会作出决定之前，无效宣告请求人撤回其请求或者其无效宣告请求被视为撤回的，无效宣告请求审查程序终止。但是，专利复审委员会认为根据已进行的审查工作能够作出宣告专利权无效或者部分无效的决定的，不终止审查程序。

第五章 专利实施的强制许可

第七十三条 专利法第四十八条第（一）项所称未充分实施其专利，是指专利权人及其被许可人实施其专利的方式或者规模不能满足国内对专利产品或者专利方法的需求。

专利法第五十条所称取得专利权的药品，是指解决公共健康问题所需的医药领域中的任何专利产品或者依照专利方法直接获得的产品，包括取得专利权的制造该产品所需的活性成分以及使用该产品所需的诊断用品。

第七十四条 请求给予强制许可的，应当向国务院专利行政部门提交强制许可请求书，说明理由并附具有关证明文件。

国务院专利行政部门应当将强制许可请求书的副本送交专利权人，专利权人应当在国务院专利行政部门指定的期限内陈述意见；期满未答复的，不影响国务院专利行政部门作出决定。

国务院专利行政部门在作出驳回强制许可请求的决定或者给予

强制许可的决定前，应当通知请求人和专利权人拟作出的决定及其理由。

国务院专利行政部门依照专利法第五十条的规定作出给予强制许可的决定，应当同时符合中国缔结或者参加的有关国际条约关于为了解决公共健康问题而给予强制许可的规定，但中国作出保留的除外。

第七十五条 依照专利法第五十七条的规定，请求国务院专利行政部门裁决使用费数额的，当事人应当提出裁决请求书，并附具双方不能达成协议的证明文件。国务院专利行政部门应当自收到请求书之日起3个月内作出裁决，并通知当事人。

第六章 对职务发明创造的发明人或者设计人的奖励和报酬

第七十六条 被授予专利权的单位可以与发明人、设计人约定或者在其依法制定的规章制度中规定专利法第十六条规定的奖励、报酬的方式和数额。

企业、事业单位给予发明人或者设计人的奖励、报酬，按照国家有关财务、会计制度的规定进行处理。

第七十七条 被授予专利权的单位未与发明人、设计人约定也未在其依法制定的规章制度中规定专利法第十六条规定的奖励的方式和数额的，应当自专利权公告之日起3个月内发给发明人或者设计人奖金。一项发明专利的奖金最低不少于3000元；一项实用新型专利或者外观设计专利的奖金最低不少于1000元。

由于发明人或者设计人的建议被其所属单位采纳而完成的发明创造，被授予专利权的单位应当从优发给奖金。

第七十八条 被授予专利权的单位未与发明人、设计人约定也未在其依法制定的规章制度中规定专利法第十六条规定的报酬的方式和数额的，在专利权有效期限内，实施发明创造专利后，每年应当从实施该项发明或者实用新型专利的营业利润中提取不低于2%或者从实施该项外观设计专利的营业利润中提取不低于0.2%，作为报酬给予发明人或者设计人，或者参照上述比例，给予发明人或者设计人一次性报酬；被授予专利权的单位许可其他单位或者个人实施其专利的，应当从收取的使用费中提取不低于10%，作为报酬给予发明人或者设计人。

第七章　专利权的保护

第七十九条　专利法和本细则所称管理专利工作的部门，是指由省、自治区、直辖市人民政府以及专利管理工作量大又有实际处理能力的设区的市人民政府设立的管理专利工作的部门。

第八十条　国务院专利行政部门应当对管理专利工作的部门处理专利侵权纠纷、查处假冒专利行为、调解专利纠纷进行业务指导。

第八十一条　当事人请求处理专利侵权纠纷或者调解专利纠纷的，由被请求人所在地或者侵权行为地的管理专利工作的部门管辖。

两个以上管理专利工作的部门都有管辖权的专利纠纷，当事人可以向其中一个管理专利工作的部门提出请求；当事人向两个以上有管辖权的管理专利工作的部门提出请求的，由最先受理的管理专利工作的部门管辖。

管理专利工作的部门对管辖权发生争议的，由其共同的上级人民政府管理专利工作的部门指定管辖；无共同上级人民政府管理专利工作的部门的，由国务院专利行政部门指定管辖。

第八十二条　在处理专利侵权纠纷过程中，被请求人提出无效宣告请求并被专利复审委员会受理的，可以请求管理专利工作的部门中止处理。

管理专利工作的部门认为被请求人提出的中止理由明显不能成

立的，可以不中止处理。

第八十三条　专利权人依照专利法第十七条的规定，在其专利产品或者该产品的包装上标明专利标识的，应当按照国务院专利行政部门规定的方式予以标明。

专利标识不符合前款规定的，由管理专利工作的部门责令改正。

第八十四条　下列行为属于专利法第六十三条规定的假冒专利的行为：

（一）在未被授予专利权的产品或者其包装上标注专利标识，专利权被宣告无效后或者终止后继续在产品或者其包装上标注专利标识，或者未经许可在产品或者产品包装上标注他人的专利号；

（二）销售第（一）项所述产品；

（三）在产品说明书等材料中将未被授予专利权的技术或者设计称为专利技术或者专利设计，将专利申请称为专利，或者未经许可使用他人的专利号，使公众将所涉及的技术或者设计误认为是专利技术或者专利设计；

（四）伪造或者变造专利证书、专利文件或者专利申请文件；

（五）其他使公众混淆，将未被授予专利权的技术或者设计误认为是专利技术或者专利设计的行为。

专利权终止前依法在专利产品、依照专利方法直接获得的产品或者其包装上标注专利标识，在专利权终止后许诺销售、销售该产品的，不属于假冒专利行为。

销售不知道是假冒专利的产品，并且能够证明该产品合法来源的，由管理专利工作的部门责令停止销售，但免除罚款的处罚。

第八十五条　除专利法第六十条规定的外，管理专利工作的部门应当事人请求，可以对下列专利纠纷进行调解：

（一）专利申请权和专利权归属纠纷；

（二）发明人、设计人资格纠纷；

（三）职务发明创造的发明人、设计人的奖励和报酬纠纷；

（四）在发明专利申请公布后专利权授予前使用发明而未支付适当费用的纠纷；

（五）其他专利纠纷。

对于前款第（四）项所列的纠纷，当事人请求管理专利工作的部门调解的，应当在专利权被授予之后提出。

第八十六条 当事人因专利申请权或者专利权的归属发生纠纷，已请求管理专利工作的部门调解或者向人民法院起诉的，可以请求国务院专利行政部门中止有关程序。

依照前款规定请求中止有关程序的，应当向国务院专利行政部门提交请求书，并附具管理专利工作的部门或者人民法院的写明申请号或者专利号的有关受理文件副本。

管理专利工作的部门作出的调解书或者人民法院作出的判决生效后，当事人应当向国务院专利行政部门办理恢复有关程序的手续。自请求中止之日起1年内，有关专利申请权或者专利权归属的纠纷未能结案，需要继续中止有关程序的，请求人应当在该期限内请求延长中止。期满未请求延长的，国务院专利行政部门自行恢复有关程序。

第八十七条 人民法院在审理民事案件中裁定对专利申请权或者专利权采取保全措施的，国务院专利行政部门应当在收到写明申请号或者专利号的裁定书和协助执行通知书之日中止被保全的专利申请权或者专利权的有关程序。保全期限届满，人民法院没有裁定继续采取保全措施的，国务院专利行政部门自行恢复有关程序。

第八十八条 国务院专利行政部门根据本细则第八十六条和第八十七条规定中止有关程序，是指暂停专利申请的初步审查、实质审查、复审程序，授予专利权程序和专利权无效宣告程序；暂停办理放弃、变更、转移专利权或者专利申请权手续，专利权质押手续以及专利权期限届满前的终止手续等。

第八章 专利登记和专利公报

第八十九条 国务院专利行政部门设置专利登记簿，登记下列与专利申请和专利权有关的事项：

（一）专利权的授予；

（二）专利申请权、专利权的转移；

（三）专利权的质押、保全及其解除；

（四）专利实施许可合同的备案；

（五）专利权的无效宣告；

（六）专利权的终止；

（七）专利权的恢复；

（八）专利实施的强制许可；

（九）专利权人的姓名或者名称、国籍和地址的变更。

第九十条 国务院专利行政部门定期出版专利公报，公布或者公告下列内容：

（一）发明专利申请的著录事项和说明书摘要；

（二）发明专利申请的实质审查请求和国务院专利行政部门对发明专利申请自行进行实质审查的决定；

（三）发明专利申请公布后的驳回、撤回、视为撤回、视为放弃、恢复和转移；

（四）专利权的授予以及专利权的著录事项；

（五）发明或者实用新型专利的说明书摘要，外观设计专利的一幅图片或者照片；

（六）国防专利、保密专利的解密；

（七）专利权的无效宣告；

（八）专利权的终止、恢复；

（九）专利权的转移；

（十）专利实施许可合同的备案；

（十一）专利权的质押、保全及其解除；

（十二）专利实施的强制许可的给予；

（十三）专利权人的姓名或者名称、地址的变更；

（十四）文件的公告送达；

（十五）国务院专利行政部门作出的更正；

（十六）其他有关事项。

第九十一条 国务院专利行政部门应当提供专利公报、发明专利申请单行本以及发明专利、实用新型专利、外观设计专利单行本，供公众免费查阅。

第九十二条 国务院专利行政部门负责按照互惠原则与其他国家、地区的专利机关或者区域性专利组织交换专利文献。

第九章 费 用

第九十三条 向国务院专利行政部门申请专利和办理其他手续时，应当缴纳下列费用：

（一）申请费、申请附加费、公布印刷费、优先权要求费；

（二）发明专利申请实质审查费、复审费；

（三）专利登记费、公告印刷费、年费；

（四）恢复权利请求费、延长期限请求费；

（五）著录事项变更费、专利权评价报告请求费、无效宣告请求费。

前款所列各种费用的缴纳标准，由国务院价格管理部门、财政部门会同国务院专利行政部门规定。

第九十四条 专利法和本细则规定的各种费用，可以直接向国务院专利行政部门缴纳，也可以通过邮局或者银行汇付，或者以国务院专利行政部门规定的其他方式缴纳。

通过邮局或者银行汇付的，应当在送交国务院专利行政部门的汇单上写明正确的申请号或者专利号以及缴纳的费用名称。不符合本款规定的，视为未办理缴费手续。

直接向国务院专利行政部门缴纳费用的，以缴纳当日为缴费日；以邮局汇付方式缴纳费用的，以邮局汇出的邮戳日为缴费日；以银行汇付方式缴纳费用的，以银行实际汇出日为缴费日。

多缴、重缴、错缴专利费用的，当事人可以自缴费日起 3 年内，向国务院专利行政部门提出退款请求，国务院专利行政部门应当予以退还。

第九十五条 申请人应当自申请日起 2 个月内或者在收到受理通知书之日起 15 日内缴纳申请费、公布印刷费和必要的申请附加费；期满未缴纳或者未缴足的，其申请视为撤回。

申请人要求优先权的，应当在缴纳申请费的同时缴纳优先权要求费；期满未缴纳或者未缴足的，视为未要求优先权。

第九十六条 当事人请求实质审查或者复审的，应当在专利法及本细则规定的相关期限内缴纳费用；期满未缴纳或者未缴足的，视为未提出请求。

第九十七条 申请人办理登记手续时，应当缴纳专利登记费、公告印刷费和授予专利权当年的年费；期满未缴纳或者未缴足的，视为未办理登记手续。

第九十八条 授予专利权当年以后的年费应当在上一年度期满前缴纳。专利权人未缴纳或者未缴足的，国务院专利行政部门应当通知专利权人自应当缴纳年费期满之日起 6 个月内补缴，同时缴纳滞纳金；滞纳金的金额按照每超过规定的缴费时间 1 个月，加收当年全额年费的 5% 计算；期满未缴纳的，专利权自应当缴纳年费期满之日起终止。

第九十九条 恢复权利请求费应当在本细则规定的相关期限内缴纳；期满未缴纳或者未缴足的，视为未提出请求。

延长期限请求费应当在相应期限届满之日前缴纳；期满未缴纳或者未缴足的，视为未提出请求。

著录事项变更费、专利权评价报告请求费、无效宣告请求费应当自提出请求之日起1个月内缴纳；期满未缴纳或者未缴足的，视为未提出请求。

第一百条　申请人或者专利权人缴纳本细则规定的各种费用有困难的，可以按照规定向国务院专利行政部门提出减缴或者缓缴的请求。减缴或者缓缴的办法由国务院财政部门会同国务院价格管理部门、国务院专利行政部门规定。

第十章　关于国际申请的特别规定

第一百零一条　国务院专利行政部门根据专利法第二十条规定，受理按照专利合作条约提出的专利国际申请。

按照专利合作条约提出并指定中国的专利国际申请（以下简称国际申请）进入国务院专利行政部门处理阶段（以下称进入中国国家阶段）的条件和程序适用本章的规定；本章没有规定的，适用专利法及本细则其他各章的有关规定。

第一百零二条　按照专利合作条约已确定国际申请日并指定中国的国际申请，视为向国务院专利行政部门提出的专利申请，该国际申请日视为专利法第二十八条所称的申请日。

第一百零三条　国际申请的申请人应当在专利合作条约第二条所称的优先权日（本章简称优先权日）起30个月内，向国务院专利行政部门办理进入中国国家阶段的手续；申请人未在该期限内办理该手续的，在缴纳宽限费后，可以在自优先权日起32个月内办理进入中国国家阶段的手续。

第一百零四条　申请人依照本细则第一百零三条的规定办理进入中国国家阶段的手续的，应当符合下列要求：

（一）以中文提交进入中国国家阶段的书面声明，写明国际申请号和要求获得的专利权类型；

（二）缴纳本细则第九十三条第一款规定的申请费、公布印刷费，必要时缴纳本细则第一百零三条规定的宽限费；

（三）国际申请以外文提出的，提交原始国际申请的说明书和权利要求书的中文译文；

（四）在进入中国国家阶段的书面声明中写明发明创造的名称，申请人姓名或者名称、地址和发明人的姓名，上述内容应当与世界知识产权组织国际局（以下简称国际局）的记录一致；国际申请中未写明发明人的，在上述声明中写明发明人的姓名；

（五）国际申请以外文提出的，提交摘要的中文译文，有附图和摘要附图的，提交附图副本和摘要附图副本，附图中有文字的，将其替换为对应的中文文字；国际申请以中文提出的，提交国际公布文件中的摘要和摘要附图副本；

（六）在国际阶段向国际局已办理申请人变更手续的，提供变更后的申请人享有申请权的证明材料；

（七）必要时缴纳本细则第九十三条第一款规定的申请附加费。

符合本条第一款第（一）项至第（三）项要求的，国务院专利行政部门应当给予申请号，明确国际申请进入中国国家阶段的日期（以下简称进入日），并通知申请人其国际申请已进入中国国家阶段。

国际申请已进入中国国家阶段，但不符合本条第一款第（四）项至第（七）项要求的，国务院专利行政部门应当通知申请人在指定期限内补正；期满未补正的，其申请视为撤回。

第一百零五条 国际申请有下列情形之一的，其在中国的效力终止：

（一）在国际阶段，国际申请被撤回或者被视为撤回，或者国际申请对中国的指定被撤回的；

（二）申请人未在优先权日起 32 个月内按照本细则第一百零三条规定办理进入中国国家阶段手续的；

（三）申请人办理进入中国国家阶段的手续，但自优先权日起 32 个月期限届满仍不符合本细则第一百零四条第（一）项至第

（三）项要求的。

依照前款第（一）项的规定，国际申请在中国的效力终止的，不适用本细则第六条的规定；依照前款第（二）项、第（三）项的规定，国际申请在中国的效力终止的，不适用本细则第六条第二款的规定。

第一百零六条 国际申请在国际阶段作过修改，申请人要求以经修改的申请文件为基础进行审查的，应当自进入日起 2 个月内提交修改部分的中文译文。在该期间内未提交中文译文的，对申请人在国际阶段提出的修改，国务院专利行政部门不予考虑。

第一百零七条 国际申请涉及的发明创造有专利法第二十四条第（一）项或者第（二）项所列情形之一，在提出国际申请时作过声明的，申请人应当在进入中国国家阶段的书面声明中予以说明，并自进入日起 2 个月内提交本细则第三十条第三款规定的有关证明文件；未予说明或者期满未提交证明文件的，其申请不适用专利法第二十四条的规定。

第一百零八条 申请人按照专利合作条约的规定，对生物材料样品的保藏已作出说明的，视为已经满足了本细则第二十四条第（三）项的要求。申请人应当在进入中国国家阶段声明中指明记载生物材料样品保藏事项的文件以及在该文件中的具体记载位置。

申请人在原始提交的国际申请的说明书中已记载生物材料样品保藏事项，但是没有在进入中国国家阶段声明中指明的，应当自进入日起 4 个月内补正。期满未补正的，该生物材料视为未提交保藏。

申请人自进入日起 4 个月内向国务院专利行政部门提交生物材料样品保藏证明和存活证明的，视为在本细则第二十四条第（一）项规定的期限内提交。

第一百零九条 国际申请涉及的发明创造依赖遗传资源完成的，申请人应当在国际申请进入中国国家阶段的书面声明中予以说明，并填写国务院专利行政部门制定的表格。

第一百一十条 申请人在国际阶段已要求一项或者多项优先权，在进入中国国家阶段时该优先权要求继续有效的，视为已经依照专利法第三十条的规定提出了书面声明。

申请人应当自进入日起 2 个月内缴纳优先权要求费；期满未缴纳或者未缴足的，视为未要求该优先权。

申请人在国际阶段已依照专利合作条约的规定，提交过在先申请文件副本的，办理进入中国国家阶段手续时不需要向国务院专利行政部门提交在先申请文件副本。申请人在国际阶段未提交在先申请文件副本的，国务院专利行政部门认为必要时，可以通知申请人在指定期限内补交；申请人期满未补交的，其优先权要求视为未提出。

第一百一十一条 在优先权日起 30 个月期满前要求国务院专利行政部门提前处理和审查国际申请的，申请人除应当办理进入中国国家阶段手续外，还应当依照专利合作条约第二十三条第二款规定提出请求。国际局尚未向国务院专利行政部门传送国际申请的，申请人应当提交经确认的国际申请副本。

第一百一十二条 要求获得实用新型专利权的国际申请，申请人可以自进入日起 2 个月内对专利申请文件主动提出修改。

要求获得发明专利权的国际申请，适用本细则第五十一条第一款的规定。

第一百一十三条 申请人发现提交的说明书、权利要求书或者附图中的文字的中文译文存在错误的，可以在下列规定期限内依照原始国际申请文本提出改正：

（一）在国务院专利行政部门作好公布发明专利申请或者公告实用新型专利权的准备工作之前；

（二）在收到国务院专利行政部门发出的发明专利申请进入实质审查阶段通知书之日起 3 个月内。

申请人改正译文错误的，应当提出书面请求并缴纳规定的译文改正费。

申请人按照国务院专利行政部门的通知书的要求改正译文的，应当在指定期限内办理本条第二款规定的手续；期满未办理规定手续的，该申请视为撤回。

第一百一十四条 对要求获得发明专利权的国际申请，国务院专利行政部门经初步审查认为符合专利法和本细则有关规定的，应当在专利公报上予以公布；国际申请以中文以外的文字提出的，应当公布申请文件的中文译文。

要求获得发明专利权的国际申请，由国际局以中文进行国际公布的，自国际公布日起适用专利法第十三条的规定；由国际局以中文以外的文字进行国际公布的，自国务院专利行政部门公布之日起适用专利法第十三条的规定。

对国际申请，专利法第二十一条和第二十二条中所称的公布是指本条第一款所规定的公布。

第一百一十五条 国际申请包含两项以上发明或者实用新型的，申请人可以自进入日起，依照本细则第四十二条第一款的规定提出分案申请。

在国际阶段，国际检索单位或者国际初步审查单位认为国际申请不符合专利合作条约规定的单一性要求时，申请人未按照规定缴纳附加费，导致国际申请某些部分未经国际检索或者未经国际初步审查，在进入中国国家阶段时，申请人要求将所述部分作为审查基础，国务院专利行政部门认为国际检索单位或者国际初步审查单位对发明单一性的判断正确的，应当通知申请人在指定期限内缴纳单一性恢复费。期满未缴纳或者未足额缴纳的，国际申请中未经检索或者未经国际初步审查的部分视为撤回。

第一百一十六条 国际申请在国际阶段被有关国际单位拒绝给予国际申请日或者宣布视为撤回的，申请人在收到通知之日起2个月内，可以请求国际局将国际申请档案中任何文件的副本转交国务院专利行政部门，并在该期限内向国务院专利行政部门办理本细则第一百零三条规定的手续，国务院专利行政部门应当在接到国际局传送的文件后，对国际单位作出的决定是否正确进行复查。

第一百一十七条 基于国际申请授予的专利权，由于译文错误，致使依照专利法第五十九条规定确定的保护范围超出国际申请的原文所表达的范围的，以依据原文限制后的保护范围为准；致使保护范围小于国际申请的原文所表达的范围的，以授权时的保护范围为准。

第十一章 附 则

第一百一十八条 经国务院专利行政部门同意，任何人均可以查阅或者复制已经公布或者公告的专利申请的案卷和专利登记簿，并可以请求国务院专利行政部门出具专利登记簿副本。

已视为撤回、驳回和主动撤回的专利申请的案卷，自该专利申请失效之日起满 2 年后不予保存。

已放弃、宣告全部无效和终止的专利权的案卷，自该专利权失效之日起满 3 年后不予保存。

第一百一十九条 向国务院专利行政部门提交申请文件或者办理各种手续，应当由申请人、专利权人、其他利害关系人或者其代表人签字或者盖章；委托专利代理机构的，由专利代理机构盖章。

请求变更发明人姓名、专利申请人和专利权人的姓名或者名称、国籍和地址、专利代理机构的名称、地址和代理人姓名的，应当向国务院专利行政部门办理著录事项变更手续，并附具变更理由的证明材料。

第一百二十条 向国务院专利行政部门邮寄有关申请或者专利权的文件，应当使用挂号信函，不得使用包裹。

除首次提交专利申请文件外，向国务院专利行政部门提交各种文件、办理各种手续的，应当标明申请号或者专利号、发明创造名称和申请人或者专利权人姓名或者名称。

一件信函中应当只包含同一申请的文件。

第一百二十一条　各类申请文件应当打字或者印刷，字迹呈黑色，整齐清晰，并不得涂改。附图应当用制图工具和黑色墨水绘制，线条应当均匀清晰，并不得涂改。

请求书、说明书、权利要求书、附图和摘要应当分别用阿拉伯数字顺序编号。

申请文件的文字部分应当横向书写。纸张限于单面使用。

第一百二十二条　国务院专利行政部门根据专利法和本细则制定专利审查指南。

第一百二十三条　本细则自 2001 年 7 月 1 日起施行。1992 年 12 月 12 日国务院批准修订、1992 年 12 月 21 日中国专利局发布的《中华人民共和国专利法实施细则》同时废止。

《专利法实施细则》第三次修改逐条说明

一、关于第二条

原《专利法实施细则》第二条关于发明、实用新型和外观设计的定义已经移至修改后的《专利法》第二条，因此，修改后的《专利法实施细则》将此条规定删除。

二、关于第五条

对本条的修改是将"法定节假日"改为"法定休假日"。这一修改是为了与《民法通则》及相关规定的提法相一致。根据《全国年节及纪念日放假办法》的规定，节日分为全体公民放假的节日和部分公民放假的节日及纪念日；全体公民放假的节日，如果适逢星期六、星期日，则应当在工作日补休。根据全国假日办每年公布的《关于××年部分节假日安排的通知》，法定放假时间可能包括法定放假的节日以及调休的工作日。因此，"法定节假日"所涵盖的范围小于"法定休假日"，故本次修改予以调整，使之既包括法定节假日，也包括双休日和调休的工作日等情况。

三、关于第六条

对本条的修改涉及以下两个方面：

首先，在第二款中增加"除前款规定的情形外"，并在"正当理由"前面增加"其他"一词作为限定，使之与第一款规定的因"不可抗拒的事由"延误期限、导致权利丧失而申请恢复的情形相区别，并强调除不可抗拒的事由之外，因其他正当理由延误期限、导致权利丧失而申请恢复权利的，应当严格适用自收到国务院专利行政部门通知之日起的两个月恢复期限。

其次，删除第一款中的"说明理由并附具有关证明文件"和第二款中的"说明理由"，同时新增一款作为第三款，对请求恢复权利的具体手续作了明确规定。根据该款的规定，当事人请求恢复权利的，除了应当提交恢复权利请求书，说明理由，必要时附具有关证明文件以外，还应当完成权利丧失前应当办理的相应手续。这样修改的目的是合并简化程序，提高专利审查工作效率，为当事人能够尽早恢复其丧失的权利提供便利。所谓权利丧失前应当办理的相应手续，是指那些因未在规定期限内办理而导致权利丧失的手续。例如，申请人应当在申请日起两个月内或者收到受理通知书之日起 15 日内缴纳申请费、公布印刷费和必要的附加费。如果申请人在期限届满之日尚未缴纳费用或者未缴足的，申请被视为撤回。在此情况下申请人请求恢复权利的，应当在提出恢复请求的同时缴纳申请费等费用，而不是先请求恢复，被准许恢复后再缴纳申请费等费用。此外，第三款还规定，因其他正当理由延误期限、导致权利丧失而请求恢复权利的，还应当缴纳恢复权利请求费。显然，这一规定意味着当事人因"不可抗拒的事由"而请求恢复权利的，不需要缴纳恢复权利请求费。

四、关于第七条

本条的内容主要涉及保密专利申请的受理、审查和授权。此次修改主要涉及三个方面：其一是完善了国防专利申请的受理、审查程序；其二是扩大了需要保密的专利申请的审查范围；其三是修改了涉及国防利益以外的国家安全或者重大利益的专利申请的保密审查程序。

本条第一款的修改主要是文字上的，目的是与《国防专利条例》的表述一致，使之更为准确。《国防专利条例》第 2 条规定，国防专利是指涉及国防利益以及对国防建设具有潜在作用需要保密的发明专利。据此，将本条第一款修改为"专利申请涉及国防利益需要保密的，由国防专利机构受理并进行审查"。此外，针对国务院专利行政部门受理的专利申请涉及国防利益需要保密的，应当向国防专利机构移交的规定，修改后的本条增加了"及时"移交的要求。同时将原来的"由国务院专利行政部门根据国防专利机构的审查意见作出决定"明确修改为"经国防专利机构审查没有发现驳回理由的，由国务院专利行政部门作出授予国防专利权的决定"，使之与《国防专利条例》的相关规定表述一致。

本条修改还扩大了需要保密的专利申请的审查范围，不仅包括现有的发明专利申请，还包括实用新型专利申请。根据修改前的规定，只对发明专利申请进行是否需要保密的审查，使得实践中出现了一些问题。例如，申请人将涉及国家安全或者重大利益的技术方案提交了实用新型专利申请时，就可能在专利申请的保密审查环节形成疏漏，进而影响国家安全或者重大利益。因此，有必要将实用新型专利申请纳入保密审查的范围。本次修改据此对第一款和第二款的相关内容作了相应调整。

根据修改前的《专利法实施细则》的规定，国家知识产权局受理的发明专利申请是否涉及国防利益以外的国家安全或者重大利益需要保密，由国务院有关主管部门审查确定。但由于国务院有关部门的职能转变和机构调整，很多原来的行业主管部门已经被撤销，导致这一规定无法执行。在实践中，如果申请人要求将其专利申请按照保密专利申请处理的，国家知识产权局往往难于找到相关主管部门确认是否需要保密。为了解决这一问题，修改后的本条第二款规定，由国家知识产权局来审查确定专利申请是否涉及国防利益以外的国家安全或者重大利益需要保密。如果认定需要保密的，由国家知识产权局按照保密专利申请处理，并通知申请人。此外，修改后的本条第二款还规定，保密专利申请的审查、复审以及保密专利权无效宣告的特殊程序，由国家知识产权局制定部门规章作出具体规定。

五、关于第八条

修改后的《专利法》第二十条由原来的"中国单位或者个人将其在中国完成的发明创造向外国申请专利的，应当先向国务院专利行政部门申请专利"，修改为"任何单位或者个人将其在中国完成的发明或者实用新型向外国申请专利的，应当事先报经国务院专利行政部门进行保密审查",从而明确了国家知识产权局对向外申请进行保密审查的法定职责。

本条为新增条款,包括两方面的内容:一是界定和解释《专利法》第二十条所称的"在中国完成的发明或者实用新型";二是具体规定保密审查请求程序。

本条第一款首先明确规定,"在中国完成的发明或者实用新型"是指技术方案的实质性内容在中国境内完成的发明或者实用新型。所谓"实质性内容"在理解方面应当与《专利法实施细则》第十三条关于发明人的定义相一致,即如果发明或者实用新型具有新颖性和创造性的实质性技术特征是在中国境内完成的,就可以认定该发明或者实用新型属于在中国完成。在修改草案征求意见过程中,有意见指出,现在有很多发明创造是通过国际协作的模式完成的,如果一个发明创造的一部分是在中国境内完成,另一部分是在国外完成,如何判断该发明创造是否属于"在中国完成的发明创造"?我们认为,对于这种情形,应当考察该发明创造的实质性部分是否是在中国完成的,如果答案是肯定的,就应当认为该发明创造属于"在中国完成的发明创造"。相反,如果科研人员在中国境内开展的工作仅限于资料搜集、数据分析或者辅助测试等,而对该发明或者实用新型区别于现有技术的实质性技术特征没有作出贡献,就可以认定该发明或者实用新型的实质性内容不是在中国境内完成的。

本条第二款对保密审查的请求方式作了具体规定,以申请人是否首先在中国提出专利申请为基础条件,确定了两种提出保密审查请求的方式:一是申请人希望就其发明或者实用新型直接向外国申请专利的,申请人应当在向外申请前先向国家知识产权局提出保密审查请求,并详细说明其技术方案。所说明的该技术方案应当与其将来在外国申请专利的技术方案相同。国家知识产权局将根据其说明的技术方案内容来判定是否需要保密;二是申请人打算就其发明或者实用新型首先在中国提出专利申请后再向外申请专利的,应当在向外申请前向国家知识产权局提出保密审查请求。在此情况下，该保密审查请求可以与中国专利申请一并提出，也可以在提出中国专利申请之后再提出。国家知识产权局将根据其中国专利申请的内容来判定所述发明或者实用新型是否需要保密。

此外，本条第三款规定，如果申请人就其发明或者实用新型向国家知识产权局提交了专利国际申请，就视为申请人同时提出了保密审查请求。由于国际申请的目的就是要向不同的国家申请专利，因此申请人不用单独提出保密审查请求，国家知识产权局将主动对其进行保密审查。但需要注意的是，本条第三款规定仅适用于以国家知识产权局为受理局提交的国际申请。如果申请人希望直接向世界知识产权组织国际局提交国际申请，则应当按照本条第二款的规定，事先向国家知识产权局提出保密审查请求。

六、关于第九条

本条为新增条款，对国家知识产权局进行保密审查的期限和程序作了明确规定。

依据本条的规定，国家知识产权局进行保密审查的程序分成两步，第一步是首先尽快排除明显不涉及国家安全或者重大利益的申请，并将不需要保密的审查结果及时通知申请人。同时对于那些可能涉及国家安全或者重大利益需要保密的专利申请，在规定期限内及时向申请人发出保密审查通知。第二步是对已经发出保密审查通知的可能涉及国家安全或者重大利益的申请进行保密审查，作出是否需要保密的决定，并在规定期限内及时将审查结果通知申请人。

国家知识产权局进行保密审查的期限与程序相协调分为两个时段，即第一步审查程序的期限为自保密审查请求递交之日起 4 个月，如果申请人在 4 个月内没有收到保密审查通知的，可以就其发明或者实用新型向外国申请专利或者向有关国外机构提交专利国际申请。第二步审查程序的期限为自保密请求递交之日起 6 个月，如果申请人没有在该期限内收到保密审查决定的，就视为同意其向外申请，可以就其发明或者实用新型向外国申请专利或者向有关国外机构提交专利国际申请。

需要说明的是，上述 4 个月和 6 个月的期限是法定的最长期限，并不意味着所有的申请都需等到 4 个月或者 6 个月届满时才能得到审查结果。实际上，国家知识产权局对于受理的绝大多数保密审查请求，都能在很短的时间内向申请人发出相应的通知。在目前的审查实践中，申请人在提出专利申请的同时提出向外申请请求的，对于明显不需要保密的专利申请，国家知识产权局将在受理通知书中通知申请人可以向外申请；对于可能涉及国家安全或者重大利益需要保密的申请，国家知识产权局将在受理通知书中告知申请人暂缓向外申请专利。因此对于绝大多数专利申请而言，这一审查程序不会对申请人向外国申请专利的安排带来明显影响。

七、关于第十二条

本条为原《专利法实施细则》的第十一条，主要修改了有关劳动人事关系的相关表述。原《专利法实施细则》第十一条采用了"退职、退休或者调动工作后 1 年内作出的……发明创造"的表述。其中，退职并非法律概念，调动工作也不能确切反映是在原单位内部的岗位调动，还是调离了原单位。随着劳动、人事相关法律制度的逐步建立健全，有必要采用更加准确的表述。因此，根据有关方面的建议，本次修改将"退职"改为"劳动、人事关系终止"，将"调动工作"明确为"调离原单位"。

八、关于第十四条

原《专利法实施细则》第十四条的内容已经修改并纳入《专利法》第十条，本条为原《专利法实施细则》的第十五条，有两处修改，一是明确了专利权转移需要办理的手续；二是增加了关于专利权出质登记的规定。

专利权是一种无形财产，其权利的转移无法像有形财产中的动产一样通过交付产生公示效力，因此，专利制度采用了类似有形财产中的不动产或者特殊动产的公示原则，即通过主管部门的登记产生公示效力。专利法第十条规定，转让专利申请权或者专利权的，当事人应当订立书面合同，并向国务院专利行政部门登记，由国务院专利行政部门予以公告。专利申请权或者专利权的转让自登记之日起生效。除了转让以外，还有其他事由可以引起专利权的转移，例如，赠与、继承、法院判决等。对于因这些原因导致专利权转移的，当事人应当到国家知识产权局办理专利权转移的登记手续。此时，办理登记手续的凭证不是转让合同，而是其他证明文件或者法律文书，例如，赠与合同、遗嘱、继承人的身份证明、已生效的法院判决等。从表面看，登记手续的内容是将专利权人的姓名变更为另外一个人，但从法律角度讲，实际上属于权利的转移。因此将本条第一款原来规定的"办理专利权人变更手续"修改为"办理专利权转移手续"，这样的表述更为准确。

此外，修改后的《专利法实施细则》在本条增加一款规定专利权质押登记事宜。根据我国《物权法》第二百二十三条、第二百二十七条的规定，专利权人可以将自己的专利权出质；以专利权出质的，当事人应当订立书面合同，质权自有关主管部门办理出质登记时设立。由此可以看出，出质登记是就专利权设立质权的关键性法律程序。因此，专利权的出质登记对专利权人和质权人的利益影响都很大。为了保护双方当事人的合法权益，明确专利权出质登记的主管部门，本条新增第三款规定：以专利权出质的，由出质人和质权人共同向国家知识产权局办理出质登记。

九、关于第十六条

本条由原《专利法实施细则》第十七条修改而来。《专利法》第二十六条规定了发明和实用新型专利申请的请求书应当写明的主要事项，其他事项则由原《专利法实施细则》第十七条规定。这样，关于请求书的规定一部分在《专利法》中，另一部分在《专利法实施细则》中，不利于公众全面理解和执行。此外，《专利法》第二十七条规定外观设计专利申请应当包括请求书，但是原《专利法》和《专利法实施细则》均未对该请求书应当写明的事项作出规定。因此修改本条，对三种专利申请的请求书中应当写明的事项进行统一规定，使之更加明确和全面。

第一，请求书应当写明发明、实用新型或者外观设计的名称；还应当写明发明人或者设计人的姓名。

第二，关于申请人，《专利法》规定请求书应当写明申请人的姓名或者名称、地址以及其他事项。根据修改前的《专利法实施细则》，《专利法》中所说的"其他事项"指申请人的国籍。如果申请人是企业或者其他组织，请求书则需写明其总部所在地的国家。此次修改将《专利法》和《专利法实施细则》中分别涉及的相关规定进行分类梳理和整合细化，将申请人区分为两类，并分别规定应当在请求书中填写的事项，即：申请人是中国单位或者个人的，应当填写其名称或者姓名、地址、邮政编码、组织机构代码或者居民身份证件号码；申请人是外国人、外国企业或者外国其他组织的，应当填写其姓名或者名称、国籍或者注册的国家或者地区。增加"组织机构代码或者居民身份证件号码"主要是为了便于对申请人进行身份确认和对相关信息进行检索和统计。

第三，根据原《专利法实施细则》的规定，如果申请人委托专利代理机构代为申请专利或者办理其他专利事务，请求书应当写明"应当注明的有关事项"，但哪些事项是"应当注明的"并不明确，不利于理解和正确执行。修改后的《专利法实施细则》对此进行了明确，申请人委托了专利代理机构的，专利申请的请求书应当写明"受托机构的名称、机构代码以及该机构指定的专利代理人的姓名、执业证号码、联系电话"。

第四，申请人未委托专利代理机构的，原《专利法实施细则》规定应当在请求书中填写"联系人的姓名、地址、邮政编码及联系电话"。有关"联系人"的规定是2001年修改《专利法实施细则》时增加的，实践表明这一规定对方便当事人和国家知识产权局之间的文件送达发挥了积极作用，因此本次修改后的《专利法实施细则》第四条保留了当事人"未委托专利代理机构的，文件送交请求书中指明的联系人"的规定。但是，"联系人"制度在实际运用中也产生了一些问题，尤其是某些机构或者个人以"联系人"名义违法从事专利代理活动，损害专利申请人和专利权人合法权益，扰乱正常的市场秩序，因此有必要对"联系人"制度加以规范。考虑到《专利法实施细则》作为行政法规不宜过为具体详细地规定操作层面的事项，为解决这一问题，本条将有关联系人的内容删除，相关内容则由《专利审查指南》进行规定。需要指出的是，申请人是某个单位且未委托专利代理机构的，联系人只能作为收件人代替该单位接收国家知识产权局所发信函，且联系人应当是该单位的工作人员。

第五，根据《专利法》第三十条的规定，申请人要求优先权的，应当在申请的时候提出书面声明。原《专利法实施细则》第三十二条第一款对声明的具体事项进行了规定，即申请人应当在书面声明中写明第一次提出专利申请的申请日、申请号和受理该申请的国家。在实际操作中，申请人提出优先权请求并不需要提交单独的书面声明，而是在请求书中进行声明，未在请求书中提出声明的，将被视为未要求优先权。因此，将有关要求优先权的声明的规定从原《专利法实施细则》第三十二条移入本条（同时将"受理该申请的国家"改为"原受理机构的名称"），将本条原来的"要求优先权的，应当注明的有关事项"的规定加以具体化，便于申请人理解和操作，也使有关请求书的规定更为完整和清楚。

十、关于第十七条

本条规定了发明或者实用新型专利申请说明书的撰写要求，由原《专利法实施细则》第十八条修改而来。本条的修改在于增加了实用新型专利申请必须提交附图的要求。

根据《专利法》第二十六条的规定，申请发明或者实用新型专利的，应当提交请求书、说明书及其摘要和权利要求书等文件，并且说明书应当对发明或者实用新型作出清楚、完整的说明，以所属技术领域的技术人员能够实现为准；必要的时候，应当有附图。

由于实用新型是对产品形状、构造或者其结合所提出的技术方案，不能仅仅通过文字进行描述，而是需要借助附图加以说明，才能充分公开并使所属领域技术人员较为容易地理解和实现所述技术方案。因此，原《专利法实施细则》第四十条规定，实用新型专利申请缺少附图的，国家知识产权局不予受理。此外，《专利法实施细则》对附图的大小、编号、排列、文字说明等形式事项进行了规范。但上述规定还不够全面，尤其是缺乏对实用新型专利申请应当含有附图以及附图应当符合的具体要求的明确规定。以往实践中，实用新型专利申请虽有附图，但附图与所要求保护的产品不相关的情况却时有发生。由于缺少法律法规层面的明确规定，在审查实践中无法对这类申请作出相应的处理。因此，此次修改在本条增加第五款，明确规定："实用新型专利申请说明书应当有表示要求保护的产品的形状、构造或者其结合的附图。"

十一、关于第二十六条

本条是新增条款，主要是对《专利法》关于遗传资源的规定进行细化。

为了在专利制度中体现对我国遗传资源的保护，落实《生物多样性公约》确立的国家主权、事先知情同意和惠益分享原则，修改后的《专利法》增加了涉及遗传资源保护的两个条款。其中，第五条第二款规定：对违反法律、行政法规的规定获取或者利用遗传资源，并依赖该遗传资源完成的发明创造，不授予专利权；第二十六条新增第五款规定：依赖遗传资源完成的发明创造，申请人应当在专利申请文件中说明该遗传资源的直接来源和原始来源；申请人无法说明原始来源的，应当陈述理由。本条是对《专利法》上述两个新增条款中的相关概念和要求的进一步细化和解释。

首先，关于"遗传资源"的定义。本条关于"遗传资源"的定义充分借鉴和吸纳了《生物多样性公约》的相关规定，但没有简单照搬，而是结合我国的实践需要增加了新的内容。《生物多样性公约》对"遗传资源"采用了一种分层递进的定义方式。首先定义了"遗传材料"的概念，即来自植物、动物、微生物或其他来源的任何含有遗传功能单位的材料；在此基础上，对遗传资源的概念进行了界定，即具有实际或潜在价值的遗传材料。需要看到，由于《生物多样性公约》的宗旨在于保持自然界的生物多样性，并不涉及人类自身，因而不涉及人类遗传资源。实践中，有关人类遗传资源的获取利用现象时有发生，但有关规则尚待健全和完善。为此，本条所定义的遗传资源涵盖了人类遗传资源，具体表述为：专利法所称遗传资源，是指取自人体、动物、植物或者微生物等含有遗传功能单位并具有实际或者潜在价值的材料。

其次，关于"依赖遗传资源完成的发明创造"的范围界定。综合考虑我国的遗传资源利用情况和实际需求，本条将"依赖遗传资源完成"限定为"利用了遗传资源的遗传功能"。因此，那些虽然利用了遗传资源，但并未利用其遗传功能的发明创造，不属于《专利法》所述的"依赖遗传资源完成的发明创造"。当然，国际上讨论的对遗传资源的利用并不限于对其遗传功能的利用。鉴于在《专利法》中纳入保护遗传资源方面的规定，无论是立法，还是执法都处在初始探索阶段，为确保遗传资源条款在实施过程中的可操作性，我国目前采用了较为审慎的做法，严格限定了适用范围。随着实践经验的积累，具体规定还将不断予以完善。

第三，关于遗传资源来源信息披露的具体要求。依照《专利法》第二十六条第五款的规定，对于依赖遗传资源完成的发明创造，申请人应当在专利申请文件中说明该遗传资源的直接来源和原始来源；在申请人不知道所利用遗传资源的原始来源而无法对此进行说明的情况下，申请人可以不说明该来源，但应陈述理由，作出合理解释。本条第三款即是对这一规定的具体化，即：对于依赖遗传资源完成的发明创造所提出的专利申请，申请人应当在请求书中对依赖遗传资源完成发明创造的事实加以说明；同时，申请人应当填写国家知识产权局制定的专门表格，对具体的来源信息作进一步的披露。

此外，对于"直接来源""原始来源"等概念，由修改后的

《专利审查指南》具体加以规定。其中，直接来源是指申请人获得该遗传资源的直接渠道；原始来源是指该遗传资源所属的生物体在原生环境中的采集地。

十二、关于第二十七条

对本条的修改涉及如下方面：

其一是删除原《专利法实施细则》第二十七条第一款的规定。主要考虑有两点，一是《专利法实施细则》第二条已经对专利申请文件的形式作了原则性规定，该款中有关外观设计图片或者照片大小的具体规定在《专利审查指南》中加以细化；二是随着电子申请方式的普及应用，本款中基于纸件申请方式的具体要求会有所变化。因此，删除第一款。

其二是删除了原《专利法实施细则》第二十七条第三款中关于外观设计申请的图片或者照片应当清楚地显示请求保护的对象的规定，因为该要求已经规定在《专利法》第二十七条第二款中，在此不必重复规定。

其三是删除了原来关于申请人应当"一式两份"提交图片或者照片的规定，原因是在已经实现了对所有申请文件进行电子扫描处理的情况下，申请人提交一份图片或者照片即可。

此外，在文字方面对本条进行了修改，将"视图"改为"图片"，使之更为准确、恰当。

十三、关于第二十八条

本条是关于对外观设计简要说明的规定，主要有以下三点修改：

第一，删除了原《专利法实施细则》第二十八条第一款的规定，即"申请外观设计专利的，必要时应当写明对外观设计的简要说明"，原因是《专利法》已经明确规定"简要说明"是外观设计专利申请的必要文件之一，因而需要对本条进行相应调整。

第二，对简要说明应当包含的内容进行了具体规定。第三次修改后的《专利法》不仅规定简要说明是外观设计专利申请的必要文件，而且规定在确定外观设计专利权的保护范围时，简要说明可以用于解释图片或者照片所表示的该产品的外观设计。因此，修改后的《专利法实施细则》需要对外观设计简要说明的内容作出详细规定。根据本条第一款的规定，简要说明应当写明外观设计产品的名称、用途，外观设计的设计要点，并指定一幅最能表明设计要点的图片或者照片。其中，简要说明应当写明外观设计产品名称、用途是新增的规定，这是因为在判断外观设计是否属于现有设计或者与现有设计相比是否具有明显区别时，需要通过名称和用途判断来该产品是什么产品，从而有针对性地寻找现有设计。同时，在侵权判断中，也要参考产品的名称和用途来确定是否侵权。而有关简要说明中应当指定一幅最能表明设计要点的图片或者照片的规定，主要考虑是用于确定登载在外观设计专利公报中的图片或者照片（参见关于第九十条的说明）。以上是外观设计简要说明必须写明的内容。此外，如果申请人请求保护色彩或者在申请文件中省略有关视图的，还应当在简要说明中写明。

第三，增加了关于在简要说明中指明基本设计的要求。《专利法》第三十一条增加规定允许申请人就同一产品的多项相似外观设计提出一件专利申请，修改后的《专利法实施细则》对此进行了细化，一方面在本条中规定申请人应当在简要说明中指定其中一项外观设计为基本设计，另一方面在第三十五条中规定同一申请中包含的其他设计应当与该基本设计相似，并规定一件外观设计专利申请中的相似外观设计不得超过 10 项（参见十七、关于第三十五条的说明）。

十四、关于第三十条

本条是对《专利法》第二十四条有关新颖性宽限期规定的进一步细化，主要是增加一款对"中国政府承认的国际展览会"进行解释，以便正确理解和实施《专利法》第二十四条的规定。

根据该款规定，中国政府承认的国际展览会，是指《国际展览会公约》规定的在国际展览局注册或者由其认可的国际展览会。

《国际展览会公约》是1928年在巴黎签署的关于国际展览会的专门公约，目前有157个成员国，我国于1993年5月3日加入该公约。该公约明确规定"展期不超过3周的展览会、美术展览会和实质上具有商业性质的展览会"不属于该公约所称的国际展览会，并具体规定了可以注册或者获得认可的国际展览会的条件。目前，在国际展览局注册或者由其认可的国际展览会包括世界博览会、世界园艺博览会、米兰装饰艺术和现代建筑展览会等。2010年5月至10月在上海举办的世界博览会就属于该公约所称的注册类展览会。因此，未由国际展览局注册或者认可的展览会，均不属于《专利法》所称的中国政府承认的国际展览会，申请专利的发明创造在该类展览会展出的，不适用有关新颖性宽限期的规定。

十五、关于第三十一条

本条是对要求优先权手续的规定，对本条的修改涉及以下几点：

一是将第一款中的"受理机关"改为"受理机构"。这是因为对于专利申请来说，有关国家专利局或者地区的专利（知识产权）组织不宜以"机关"概而称之，改为"机构"更为恰当。

二是在第一款中增加有关电子方式交换优先权文件的规定。随着电子申请方式的普及应用，以往由申请人以纸件形式提交优先权文件及在先申请文件副本将逐渐为电子方式所取代。在实践中，为了减轻申请人负担，方便我国申请人向外国申请专利以及外国申请人向我国申请专利，国家知识产权局已经与有关国家或者地区的专利机构就电子交换优先权在先申请文件副本事宜开展磋商工作，以简化专利申请人获取和提交在先申请文件副本的手续。为使今后开展电子交换工作有充分的法律基础，需要在《专利法实施细则》中对通过电子交换获得在先申请文件副本的法律效力予以明确规定。因此，在本条第一款增加相应内容，即"依照国务院专利行政部门与该受理机构签订的协议，国务院专利行政部门通过电子交换等途径获得在先申请文件副本的，视为申请人提交了经该受理机构证明的在先申请文件副本"。

三是简化要求本国优先权的手续。对于要求本国优先权的，原来的规定是"要求本国优先权的，申请人提交的在先申请文件副本应当由国务院专利行政部门制作"。实践中，要求本国优先权只需要提供申请日和申请号，即可由国务院专利行政部门制作相关文件。因此第一款相应内容修改为"要求本国优先权的，申请人在请求书中写明在先申请的申请日和申请号的，视为提交了在先申请文件副本"。

四是规定对申请人在填写优先权要求方面的失误给予补正机会。修改前的《专利法实施细则》第三十二条规定：申请人办理要求优先权手续的，应当在书面声明中写明在先申请的申请日、申请号和受理该申请的国家；书面声明中未写明在先申请的申请日和受理该申请的国家的，视为未提出声明。在以往实践中，并没有专门的要求优先权的"书面声明"，而只是在请求书中填写相关内容。因此为确切表述，将"书面声明"予以删除。此外，因未写明在先申请的申请日和受理国家而导致优先权的丧失，对于申请人来说过于严格，应当给予其补救的机会。因此，修改后的本条第二款明确规定，对于在请求书中漏写或者错写在先申请的申请日、申请号和原受理机构名称中的一项或者两项内容的，国务院专利行政部门应当通知申请人在指定期限内补正。

五是明确了申请人未提交优先权转让证明材料的法律后果，即"视为未要求优先权"。根据修改前的《专利法实施细则》第三十二条的规定，当在先申请人的姓名或者名称与在后申请的申请人不一致时，应当提交优先权转让证明材料。但申请人未提交前述证明材料的，将会产生何种法律后果，修改前的《专利法实施细则》没有相应规定，而是在《专利审查指南》中要求"审查员应当发出视为未要求优先权通知书"。由于在先申请和在后申请的申请人相同是要求优先权的基础条件之一，当要求优先权的在后申请人与在先申请人的姓名或者名称不一致时，只有提交了在先申请人将其优先权转让给在后申请人的证明材料，才能证明在后申请人有资格要求优先权。因此，需要在《专利法实施细则》层面对申请人未提交优先权转让证明材料的法律后果加以明确规定，即"视为未要求优先权"。

六是新增一款，就外观设计简要说明与要求外国优先权的关系做明确规定。修改后的《专利法》第二十七条将"简要说明"规定为外观设计专利申请必须具备的文件。由于其他国家的专利法或者相关法律对简要说明的要求并不相同，因此当某项外观设计专利申请要求外国优先权时，其在先申请中可能并不包含简要说明，或者所包含的简要说明及其内容与在后申请不一致。为避免由此引发的在后申请与在先申请的主题是否一致，以及优先权要求是否成立的问题，需要在《专利法实施细则》中对这种情形加以明确规定。由于在先申请和在后申请的主题相同是申请人享有优先权的基础，而先、后申请的主题是否相同取决于专利申请中有关该外观设计的图片或者照片所表示的范围是否相同，因此，本款规定："外观设计专利申请的申请人要求外国优先权，其在先申请未包括对外观设计的简要说明，申请人按照本细则第二十八条规定提交的简要说明未超出在先申请文件的图片或者照片表示的范围的，不影响其享有优先权。"

十六、关于第三十三条

对本条的修改有两点，其一是将第一项"国籍证明"修改为"申请人是个人的，其国籍证明"；其二是将第二项中的"营业所或者总部所在地"修改为"注册的国家或者地区"，以与第十六条的相关修改相一致。

十七、关于第三十五条

对本条的修改涉及以下三个方面：

一是新增一款明确规定相似外观设计合案申请的具体要求。根据《专利法》第三十一条第二款的规定，同一产品的两项以上的相似外观设计可以作为一件申请提出，修改后的《专利法实施细则》第二十八条规定，对同一产品的多项相似外观设计提出一件外观设计专利申请的，应当在简要说明中指定其中一项设计作为基本设计。同时，在本条中进一步规定，对该产品的其他设计应当与简要说明中指定的基本设计相似，并且对一件外观设计专利申请中的相似外观设计的数量进行限制，明确规定不得超过 10 项。之所以将相似外观设计限制在 10 项以内，主要考虑到相似外观设计合案申请对审查和无效宣告程序以及侵权判断的影响。如果相似外观设计数量过多，则可能影响审查效率和侵权判断的准确性，尤其是在相似设计用于成套产品设计的情况下，产生的影响会更为复杂。

二是将具有相同设计构思可以合案申请的外观设计的成套产品由"同一小类"改为"同一大类"，并明确了同时出售以及同时使用只要满足一个条件即可。之所以放宽外观设计产品的类别限制，主要是为了方便申请人申请外观设计专利和降低申请成本。例如，烹调用的锅、餐刀以及餐用碗属于《国际外观设计分类表》中 07大类，但餐用碗属于 07 - 01 小类，烹调用的锅属于 07 - 02 小类，餐刀则属于 07 - 03 小类，根据修改前的《专利法实施细则》是不能合案申请的，而按照修改后的《专利法实施细则》，此三项产品的外观设计如果设计构思相同且符合成套出售或者使用的条件，则可以作为一件申请提出。

三是在文字方面进行了修改，将"视图"改为"各幅图片或者照片"，将"各产品的设计构思相同"改为"各产品的外观设计具有相同的设计构思"，以用语更加准确，意思更加清楚。

十八、关于第三十八条、第三十九条

对第三十八条和第三十九条的修改属于根据《专利法》第二十七条的规定所作的相应修改，即进一步强调提交简要说明是外观设计专利申请得以受理的必要条件之一。

根据《专利法》第二十七条的规定，申请外观设计专利的，除应当提交请求书、该外观设计的图片或者照片以外，还应当提交对该外观设计的简要说明。由此，《专利法实施细则》第三十八条将简要说明增加为外观设计专利申请的受理条件，规定国务院专利行政部门在收到外观设计专利申请的请求书、外观设计的图片或者照片和简要说明后，应当明确申请日、给予申请号，并通知申请人。

出于同一理由，修改后的《专利法实施细则》第三十九条将外观设计专利申请缺少简要说明的情形纳入国务院专利行政部门不予受理的范围之内，即"外观设计专利申请缺少请求书、图片或者照片、简要说明的"，国务院专利行政部门不予受理，并通知申请人。

此外，将第三十九条第（四）项"请求书中缺少申请人姓名或者名称及地址的"修改为"请求书中缺少申请人姓名或者名称，或者缺少地址的"，使表述更为清楚、准确，消除歧义。

十九、关于第四十一条

本条由原《专利法实施细则》第十三条修改而来，主要修改体现在：

第一，删除原第一款"同样的发明创造只能被授予一项专利"的规定，因为该规定已移入《专利法》第九条，不必在本条中重复规定。

第二，明确了原第二款中"两个以上申请人在同一日分别就同样的发明创造申请专利"中"日"的含义，即申请日，有优先权的指优先权日，并将"同一日"修改为"同日"。《专利法》第九条第二款规定了"先申请原则"，即：两个以上的申请人分别就同样的发明创造申请专利的，专利授予最先申请的人。原《专利法实施细则》第十三条进一步规定：两个以上的申请人在同一日分别就同样的发明创造申请专利的，应当自行协商确定申请人。这其中的"同一日"是指实际申请日还是优先权日并不明确。根据《巴黎公约》的规定，一个申请人在一国就某项发明创造提出首次专利申请后，在优先权期限内就同样的发明创造到另一国申请专利保护的，可以享有优先权。优先权的意义就在于申请人后来提出的申请应被认为是在其首次申请日提出的,相对于在该申请日后提交的其他申请而言占有优先地位。因此在判断两件申请谁先谁后这个问题上,有优先权的,应当以优先权日为准。

第三,对修改后的《专利法》第九条的例外规定作了细化。《专利法》第九条在规定"同样的发明创造只能被授予一项专利权"的同时,还新增加了一项例外规定,即"同一申请人同日对同样的发明创造既申请实用新型专利又申请发明专利,先获得的实用新型专利权尚未终止,且申请人声明放弃该实用新型专利权的,可以授予发明专利权。"增加这一例外规定的目的是对以往实践中申请人就一项发明创造分别提出发明和实用新型专利申请的做法加以规范和限制,避免同一专利权人在同一时间就同样的发明创造拥有两项专利权。同时也为申请人以往的实践做法提供了明确的法律依据,使其可以较早地获得实用新型专利权,然后在发明专利申请授权之前放弃该实用新型专利权再获得一项发明专利权,从而就同一发明创造既能较早地获得保护,又能获得比较稳定的发明专利权和享受二十年的保护期限。为具体实施《专利法》第九条的例外规定,保障公众及时知悉专利申请的相关信息,主动防范因不知情而被指控侵权,本条第二款至第五款明确规定了具体操作程序及相应法律后果。

首先,本条第二款规定同一申请人在同日就同样的发明创造既申请实用新型专利,又申请发明专利的,应当在申请时分别说明对同样的发明创造已申请了另一专利;如果申请人未作说明,其发明创造只能被授予一项专利权。这一规定的目的就是保障公众及时了解专利申请的相关信息。一方面,申请人需要在申请时对同日提出两项专利申请的事实分别予以说明,以便国家知识产权局在专利公报中及时将此说明予以公布,使公众在看到实用新型专利时即可知道就同样的发明创造还有一件发明专利申请有可能被授予专利权,从而采取适当措施主动避免侵权行为。另外,申请人在申请时进行说明也为专利审查员提供了明确的线索,可以在发明专利申请的实质审查中及时通知申请人放弃在前获得的实用新型专利权，避免重复授权。另一方面，如果申请人未在申请时对同日提出两项专利申请的事实分别予以说明，即便其发明专利申请经审查没有发现其他驳回理由，申请人也同意放弃在前获得的实用新型专利权，其发明专利申请也将被驳回。此外，本款将《专利法》第九条中的"同日"明确限定为申请日，这一限定意味着《专利法》第九条的例外规定不适用于两件申请的优先权日相同而申请日不同，或者一件申请的申请日与另一件申请的优先权日相同的情况。

关于申请人同日就同样的发明创造分别提交一件实用新型专利申请和一件PCT国际申请是否适用《专利法》第九条的例外规定的问题，我们认为答案是否定的，理由有以下几点：一是本款将《专利法》第九条中的"同日"明确限定为申请日，同时根据《专利法》第二十八条的规定，申请日是指国家知识产权局收到专利申请文件之日，因此"同一申请人同日对同样的发明创造既申请实用新型专利又申请发明专利"指的是在国家知识产权局实际提交了两件申请。而国家知识产权局受理PCT国际申请是依据《专利合作条约》及其实施细则并不依据我国专利法，尽管按照《专利合作条约》已确定国际申请日并指定中国的国际申请，视为向国家知识产权局提出的专利申请，其国际申请日也被视为《专利法》第二十八条所称的申请日，但这种"视为"的结果只有国际申请进入中国国家阶段后才能确定。二是国际申请在国际阶段时并无类型上的区分，究竟是实用新型还是发明专利申请，需要等到申请人办理进入中国国家阶段手续时才能确定。三是申请人在提出国际申请时无法"分别说明对同样的发明创造已申请了另一专利"。因此，综合考虑申请日、专利申请的类型以及申请时分别说明等因素，同日提交一件实用新型专利申请和一件PCT国际申请不能适用《专利法》第九条的例外规定。

其次，本条第三款规定国家知识产权局在公告授予实用新型专利权时，应当一并公告申请人就同样的发明创造已经同时申请了发明专利的说明。

再次，本条第四款规定了在发明专利申请授权前通知申请人放弃实用新型专利权的程序。即：国家知识产权局对发明专利申请经审查没有发现驳回理由的，应当通知申请人在规定期限内声明放弃其实用新型专利权；申请人声明放弃的，国家知识产权局就会作出授予发明专利权的决定，并在公告授予发明专利权时一并公告申请人放弃实用新型专利权的声明。申请人不同意放弃的，国家知识产权局就会驳回其发明专利申请；申请人在规定期限内既不声明放弃，也不答复的，其发明专利申请将被视为撤回。

最后，本条第五款规定了实用新型专利权的终止时间，即自公告授予发明专利权之日起终止。这样实用新型专利权与发明专利权既不重叠，也不会存在权利真空。

二十、关于第四十四条

本条规定了三种专利的初步审查范围及经初步审查可以驳回申请的理由。具体修改如下：

第一，在发明专利申请的初步审查范围及驳回理由中增加了《专利法》第二十条第一款（向外申请的保密审查）和第二十六条第五款（遗传资源来源披露）以及《专利法实施细则》第十六条（请求书）、第十八条（说明书附图）、第二十条（权利要求的种类）、第二十一条（权利要求的撰写）和第二十六条第二款（遗传资源来源披露说明）。

《专利法》第二十条第一款规定："任何单位或者个人将在中国完成的发明或者实用新型向外国申请专利的，应当事先报经国务院专利行政部门进行保密审查。"该条第四款规定："对违反本条第一款规定向外国申请专利的发明或者实用新型，在中国申请专利的，不授予专利权。"此处不授予专利权的含义是指专利申请应被驳回，已经被授予专利权的应当被宣告无效。因此，在发明专利申请的初步审查中需要对是否符合《专利法》第二十条第一款进行审查，如果经审查发现申请人违反了上述规定，国家知识产权局将通知其陈述意见或者补正，经补正或者陈述意见后仍不符合要求的，将予以驳回。

《专利法》第二十六条第五款规定："依赖遗传资源完成的发明创造，申请人应当在专利申请文件中说明该遗传资源的直接来源和原始来源；申请人无法说明原始来源的，应当陈述理由。"修改后的《专利法实施细则》第二十六条第二款规定："就依赖遗传资源完成的发明创造申请专利的，申请人应当在请求书中予以说明，并填写国务院专利行政部门制定的表格。"因此，对依赖遗传资源完成的发明专利申请的初步审查需要审查该申请是否符合上述规定，如果发现不符合《专利法实施细则》二十六条第二款或明显不符合《专利法》第二十六条第五款，应当予以驳回。另外，虽然本条修改前后都规定《专利法》第五条是发明专利申请初步审查的内容，但由于《专利法》第五条经修改增加了第二款，即"对违反法律、行政法规的规定获取或者利用遗传资源，并依赖该遗传资源完成的发明创造，不授予专利权。"因此，初步审查中还需审查专利申请是否明显属于该情形。

第二，在实用新型专利申请的初步审查范围及驳回理由中增加了《专利法》第二十条第一款（向外审查的保密审查）、第二十二条第二款（新颖性）、第四款（实用性）及《专利法实施细则》第十六条（请求书）、第二十三条（说明书摘要）。

由于实用新型和外观设计专利没有经过实质审查，因而专利权的稳定性较差。但综合考虑这两种专利的特点和数量，以及审查资源配置和效能等因素，目前还不具备对这两种专利申请都进行实质审查的条件。为了在现有基础上提高这两种专利权的稳定性，在一定程度上防止重复授权，本条就实用新型和外观设计专利申请的初步审查范围分别增加了《专利法》第二十二条第二款、第四款和《专利法》第二十三条第一款，即审查实用新型专利申请是否明显不符合新颖性、实用性的规定，审查外观设计专利申请是否明显属于现有设计以及是否存在抵触申请的情形，从而在不改变实用新型和外观设计专利初步审查制度的前提下，适度扩大了初步审查的范围。

第三，本条针对外观设计专利申请的初步审查内容及驳回依据，增加了《专利法》第二十五条第一款第（六）项（平面印刷品的标识性设计）、第二十三条第一款（是否属于现有设计、是否存在抵触申请）、第二十七条第二款（图片或者照片是否清楚）及《专利法实施细则》第十六条（请求书）、第二十七条（彩色图片或者照片）和第二十八条（简要说明的内容）。

修改后的《专利法》第二十五条第一款增加了第（六）项，规定"对平面印刷品的图案、色彩或者二者的结合作出的主要起标识作用的设计"不授予专利权。因此，在外观设计专利申请初步审查范围中增加了外观设计是否明显属于该款规定情形的审查。

《专利法》第二十七条第二款规定：申请人提交的有关图片或者照片应当清楚地显示要求专利保护的产品的外观设计。图片或者照片是外观设计专利申请的重要法律文件，其作用不仅在于披露外观设计的设计方案，还是确定外观设计专利权保护范围的主要依据。因此，图片或者照片必须清楚地显示要求专利保护的产品的外观设计。在外观设计的初步审查范围内增加对这一要求的审查，可以避免那些明显不符合该要求的申请被授予外观设计专利权。

《专利法》第二十七条第一款规定简要说明是外观设计专利申请的必备申请文件之一，《专利法实施细则》第二十八条进一步明确了简要说明应当包含的内容，因此，在外观设计初步审查范围中增加了对简要说明的审查。

第四，明确将《专利法实施细则》第二条和第三条第一款列入三种专利申请的初步审查范围。为了提高专利申请的质量，本条在初步审查的内容和驳回理由中明确了涉及申请文件撰写要求的条款，即关于三种申请的请求书的撰写要求（第十六条）、关于发明专利申请附图的要求（第十八条）、关于摘要的要求（第二十三条）、关于外观设计申请简要说明、照片图片的要求（第二十七条、第二十八条），同时为使体例统一，并与本条第一款中"是否符合规定的格式"的要求相呼应，本次修改将《专利法实施细则》第二条和第三条第一款明确列入初步审查范围，使之成为初步审查的驳回理由。

二十一、关于第五十三条

本条规定了发明专利申请经实质审查后应当予以驳回的情形。此次修改增加《专利法》第二十条第一款、第二十六条第五款为驳回理由。

《专利法》第二十条第一款中规定："任何单位或者个人将在中国完成的发明或者实用新型向外国申请专利的，应当事先报经国务院专利行政部门进行保密审查。"该条第四款规定："对违反本条第一款规定向外国申请专利的发明或者实用新型，在中国申请专利的，不授予专利权。"此处不授予专利权的含义是指专利申请应被驳回，已经被授予专利权的，应当被宣告无效。因此，在发明专利申请的实质审查中应对是否符合《专利法》第二十条第一款进行审查，如果经审查发现申请人违反了上述规定，国家知识产权局将驳回该申请。

修改后的《专利法》第二十六条第五款规定："依赖遗传资源完成的发明创造，申请人应当在专利申请文件中说明该遗传资源的直接来源和原始来源；申请人无法说明原始来源的，应当陈述理由。"对依赖遗传资源完成的发明专利申请，实质审查时应当审查该申请是否符合前述规定，如果发现不符合该规定，国家知识产权局应当予以驳回。

此外，由于修改后的《专利法》第五条增加了第二款规定，即"对违反法律、行政法规的规定获取或者利用遗产资源，并依赖该遗产资源完成的发明创造，不授予专利权"，尽管本条关于《专利法》第五条作为实质审查驳回理由的表述没有任何变化，但实质审查的范围已相应扩大，如果专利申请属于《专利法》第五条第二款规定的情形，则应当予以驳回。

二十二、关于第五十五条

本条是新增加的规定。修改后的《专利法实施细则》第七条规定了保密专利审查，而本条规定的是保密专利的授权。修改前的《专利法实施细则》只规定了普通专利的授权、颁发专利证书以及授权公告等事项，并没有涉及保密专利。虽然《专利审查指南》中对保密专利的授权及公告等事项作了补充规定，但缺乏上位法依据。为了完善保密专利的审查和授权制度，修改后的《专利法实施细则》在本条增加了有关保密专利申请的审查和授予保密专利权的规定，即：保密专利申请经过审查没有发现驳回理由的，国家知识产权局应当作出授予保密专利权的决定，颁发保密专利证书，登记保密专利权的有关事项。由于保密专利的特殊性，其授权公告仅公布专利号、申请日和授权公告日。

二十三、关于第五十六条

本条由原《专利法实施细则》第五十五条修改而来，修改涉及以下三个方面：

一是与《专利法》进行一致性修改，将实用新型检索报告改为实用新型和外观设计的专利权评价报告。

为了进一步提高实用新型和外观设计专利权的法律稳定性，引导专利权人合理地行使其权利，维护公众利益，节约行政执法和司法审判资源，修改后的《专利法》将实用新型检索报告制度调整为实用新型和外观设计专利权评价报告制度，在第六十一条第二款中规定："专利侵权纠纷涉及实用新型专利或者外观设计专利的，人民法院或者管理专利工作的部门可以要求专利权人或者利害关系人出具由国务院专利行政部门对相关实用新型或者外观设计进行检索、分析和评价后作出的专利权评价报告，作为审理、处理专利侵权纠纷的证据。"为了与《专利法》第六十一条第二款的修改保持一致，本条进行了适应性修改，将检索报告统一修改为专利权评价报告，同时增加了对外观设计专利权作出评价报告的规定。

二是将请求作出专利权评价报告的请求人限定为《专利法》

第六十条规定的专利权人或者利害关系人。

《专利法》第六十条规定，就侵犯专利权引起专利纠纷的，专利权人或者利害关系人可以向人民法院起诉，也可以请求管理专利工作的部门处理。《专利法》第六十一条第二款进一步规定，专利侵权纠纷涉及实用新型专利或者外观设计专利的，人民法院或者管理专利工作的部门可以要求专利权人或者利害关系人出具专利权评价报告，作为审理、处理专利侵权纠纷的证据。从《专利法》上述两条规定可以看出，提起专利侵权诉讼的专利权人或者利害关系人是专利权评价报告的直接需求者和利用者。为了具体实施《专利法》的上述规定，本条明确规定《专利法》第六十条规定的专利权人或者利害关系人可以请求国务院专利行政部门作出专利权评价报告。

理解上述规定需要注意两点：第一，本条所述的"利害关系人"不包括侵权诉讼中的被控侵权人；第二，参照《最高人民法院关于对诉前停止侵犯专利权行为适用法律问题的若干规定》第一条的规定，"利害关系人"包括专利独占实施许可合同的被许可人，以及专利权人不起诉的情况下排他许可合同的被许可人。

本条的修改内容在征求意见过程中，有意见认为不应将请求作出专利权评价报告的请求人限定为专利权人，而是应将请求人的范围扩展到任何人，或者将利害关系人解释为"包含侵权诉讼的被告、专利实施许可合同的被许可人和专利权的受让人"。对于这些意见，立法机构经全面慎重考虑后未予采纳，理由是：第一，《专利法》第六十一条第二款将专利权评价报告定性为审理、处理专利侵权纠纷的证据，作为人民法院或者管理专利工作的部门决定是否中止审理、处理程序的参考，而不是评价专利权有效性的行政决定。鉴于此种性质，由专利权人或者其利害关系人提出专利权评价报告请求完全可以实现《专利法》设立专利权评价报告制度的立法目的。第二，避免与专利无效宣告程序发生混淆。如果允许任何人都可以请求作出专利权评价报告，就可能导致作出专利权评价报告的程序无法与无效宣告程序相区别，而且由于专利权评价报告在法律定位上仅是"审理、处理专利侵权纠纷的证据"，不是国家知识产权局就专利权有效与否作出的审查决定，也不能像无效宣告程序那样有后续司法救济途径作保障，一旦与专利权人有利益冲突一方提起请求并作出不利于专利权人的评价报告，专利权人无法介入并寻求司法救济。第三，专利权评价报告制度由实用新型专利检索报告制度发展而来，在评价报告的种类和内容上都较之以往有着明显的扩展，这对国家知识产权局审查资源的配置提出了更高要求。如果再进一步将专利权评价报告的请求人扩展到任何人，在现阶段来说还存在着实际困难。第四，如果确有潜在的被许可人或者专利权受让人希望得到专利权评价报告，其可以通过要求专利权人出具或者到国家知识产权局查阅等方式得以实现。

三是进行了个别文字的澄清性修改，包括将"指明专利号"修改为"写明专利号"，增加了有关专利权评价报告请求书不符合规定，且请求人期满未补正的法律后果的规定，即"请求人期满未补正的，视为未提出请求"。

关于本条的适用，按照《关于施行修改后的专利法的过渡办法》的规定，对于 2009 年 10 月 1 日前提出的实用新型专利申请以及授予的专利权，仍然按照修改前的《专利法》及其实施细则的相关规定，专利权人可以请求国家知识产权局作出实用新型检索报告；对于 2009 年 10 月 1 日以后申请并获授权的实用新型和外观设计专利，专利权人和利害关系人可以请求国家知识产权局作出专利权评价报告。

二十四、关于第五十七条

本条由原《专利法实施细则》第五十六条修改而来，规定了专利权评价报告的作出程序，具体规定了以下三方面的内容：

一是规定国务院专利行政部门应当自收到专利权评价报告请求书后 2 个月内作出专利权评价报告。之所以规定 2 个月的期限，是考虑到有的情况下专利权人需要尽快获得评价报告，以便就涉嫌侵权行为向法院起诉或者请求地方知识产权局处理。需要注意的是，本条规定的专利权评价报告请求书是指符合规定的请求书，如果请求人提出的专利权评价报告请求书不符合规定，则不能从收到日起计算作出评价报告的时间，而应当从请求人对请求书补正合格之日起计算。

二是规定对同一项实用新型或者外观设计专利权，有多个请求人请求作出专利权评价报告的，国务院专利行政部门仅作出一份评价报告。鉴于专利权评价报告的内容不因请求人不同而导致实体内容有所区别，从节约行政资源的角度，本条规定对同一项专利权仅作出一份评价报告。

三是规定任何单位或者个人可以查阅或者复制该专利权评价报告。由于当有多个请求人请求作出专利权评价报告时，国务院专利行政部门仅作出一份评价报告，因此需要提示其他请求人可以通过查阅或者复制的方式获得评价报告。至于专利权的利益相关方，例如专利实施许可合同的潜在被许可人或者专利权转让合同的潜在受让人，也可以通过查阅和复制专利权评价报告了解专利权的稳定性。

二十五、关于第六十条

本条由原《专利法实施细则》第五十九条修改而来，主要修改在于增加了第二款，规定"复审请求不符合专利法第十九条第一款或者第四十一条第一款规定的，专利复审委员会不予受理，书面通知复审请求人并说明理由。"

原《专利法实施细则》第四十条和第六十五条分别规定了提交专利申请不予受理的情形和提出专利权无效宣告请求不予受理的情形，然而就复审请求不予受理的情形在原《专利法实施细则》中却未作规定。为弥补这一缺失，《专利审查指南》中规定了复审请求不予受理的几种情形，但这显然是不合适的。因此需要在《专利法实施细则》中对复审请求不予受理的情形予以明确规定。

《专利法》第十九条第一款规定，在中国没有经常居所或者营业所的外国人、外国企业或者外国其他组织在中国申请专利和办理其他专利事务的，应当委托依法设立的专利代理机构办理。由于申请人可以解除委托，代理机构也可以辞去委托，因此在中国没有经常居所或者营业所的外国人、外国企业或者外国其他组织虽然在提出专利申请时委托了依法设立的专利代理机构，但在提出复审请求时可能会因解除或者辞去委托，又未委托新的专利代理机构而导致不符合《专利法》第十九条第一款的规定的情况。因此有必要规定复审请求不符合《专利法》第十九条第一款规定的，不予受理。

《专利法》第四十一条第一款规定，专利申请人对国务院专利行政部门驳回专利申请决定不服的，可以自收到通知之日起3个月内，向专利复审委员会请求复审。依照该规定，提出复审请求的请求人应当是专利申请人，并且请求人应当在收到驳回专利申请的通知之日起3个月内提出复审请求。因此，其他人提出复审请求或者申请人在前述3个月期限届满之后提出复审请求的，应当不予受理。

二十六、关于第六十五条

本条由原《专利法实施细则》第六十四条修改而来，增加不符合《专利法》第二十条第一款、第二十七条第二款、《专利法实施细则》第四十三条第一款为无效理由。

修改后的《专利法》第二十条第一款和第四款规定，任何单位或者个人将在中国完成的发明和实用新型向外国申请专利的，应当事先报经国务院专利行政部门进行保密审查；违反该规定向外申请专利后又向中国申请专利的，不授予专利权。此处不授予专利权的含义是指专利申请应当驳回，已经被授予专利权的，应当宣告无效。因此，不符合《专利法》第二十条第一款的规定既是驳回专利申请的理由，也是宣告专利权无效的理由。基于此，本条新增不符合《专利法》第二十条第一款作为无效理由。

《专利法》第二十七条第二款规定，外观设计专利申请人提交的有关图片或者照片应当清楚地显示要求专利保护的产品的外观设计。图片或者照片是外观设计专利的重要法律文件，其作用不仅在于披露外观设计的设计方案，还是确定外观设计专利权保护范围的主要依据。要求图片或者照片清楚地显示要求专利保护的产品的外观设计是一项实质性要求，故此次修改将不符合《专利法》第二十七条第二款增加为无效理由。

修改后的《专利法实施细则》第四十三条第一款规定，分案申请可以保留原申请日，享有优先权的，可以保留优先权日，但是不得超出原申请记载的范围。分案申请是在原申请基础上分出的单独申请，其享有原申请的申请日。对于分案申请不得超出原申请记载范围的要求源于《专利法》第三十三条关于修改不得超出原申请记载范围的规定，这项要求也是对分案申请的实质性要求。原《专利法实施细则》已将不符合该规定作为实质审查的驳回理由，但未明确作为无效理由。虽然在实践中有对于分案申请的修改超出原申请记载范围的缺陷采用《专利法》第三十三条规定的无效理由进行审理的情况，但是有必要在法律条文中明确。因此，此次修改明确将不符合《专利法实施细则》第四十三条第一款作为无效理由。

另外，虽然修改前后的本条中都将"属于专利法第五条、第二十五条的规定不能取得专利权"的情形规定为宣告专利权无效的理由，但其涵盖的具体内容却有所不同。这是因为修改后的《专利法》第五条增加第二款规定"对违反法律、行政法规的规定获取或者利用遗产资源，并依赖该遗产资源完成的发明创造，不授予专利权"，《专利法》第二十五条第一款不授予专利权的事项中增加了第（六）项："对平面印刷品的图案、色彩或者二者的结合作出的主要起标识作用的设计"。因此本条此处虽无文字变化，但实际上增加了宣告专利权无效的理由。

二十七、关于第六十六条

本条由原《专利法实施细则》第六十五条修改而来，修改涉及以下两点：

一是在第一款就无效请求不予受理的理由中增加了"不符合

专利法第十九条第一款规定"的情形，修改原因与《专利法实施细则》第六十条关于复审请求不予受理的情形相同。无效宣告程序中，无效宣告请求人和专利权人均可能是在中国没有经常居所或者营业所的外国人、外国企业或者外国其他组织，其办理相关事务应当委托依法设立的专利代理机构。不符合该规定，应当不予受理。

二是将本条原第三款修改为"以不符合专利法第二十三条第三款的规定为理由请求宣告外观设计专利权无效，但是未提交证明权利冲突的证据的，专利复审委员会不予受理。"按照修改前的规定，无效宣告请求人以授予专利权的外观设计与他人在先取得的合法权利相冲突为理由请求宣告外观设计专利权无效，应当提交生效的能够证明权利冲突的处理决定或者判决，否则无效宣告请求不予受理。这样，无效宣告请求人在提出无效宣告请求之前，需要首先提出侵权诉讼或者请求行政机关处理侵权纠纷。而通常人民法院或者相关行政机关在有关侵犯在先商标专用权、著作权的纠纷中，仅会对被告制造、使用、销售含有他人在先注册商标、作品的有关产品的行为是否侵犯原告的商标专用权、著作权作出认定，不会就被告享有的外观设计权与在先商标专用权、著作权是否相冲突作出认定；如果授权的外观设计未曾实施，则人民法院或者相关行政机关不能认定侵权，也不会认定构成权利冲突。这样就导致 2000 年《专利法》修改时在第二十三条中新增的"不得与在先权利相冲突"的规定落空，无法实现保护在先权利人的正当权益和制止不诚信的专利申请的目的。有鉴于此，此次修改不再强调无效宣告请求人必须提交生效的能够证明权利冲突的处理决定或者判决，而是只要提交了证明权利冲突的证据，其无效请求即可以被受理，这些证据既包括有关侵权处理决定或者判决，也包括说明请求人在先权利合法存在，外观设计专利权人未经同意在其设计中使用了在先权利中的全部或者部分要素等证据。

鉴于前述规定只针对无效请求人提出无效请求时的举证要求，

与所涉及的专利权的申请日和授权日并无关系，因此《关于施行修改后的专利法实施细则的过渡办法》规定，自 2010 年 2 月 1 日起以不符合《专利法》第二十三条第三款的规定为由请求宣告外观设计专利权无效的，适用本条规定，即请求人以权利冲突为理由请求宣告外观设计专利权无效的，不论所请求宣告无效的专利权的申请日及授权日是否在 2010 年 2 月 1 日之后，请求人都需要符合新的举证要求。

二十八、关于第七十二条

本条由原《专利法实施细则》第七十一条修改而来，修改之处在于明确规定当专利复审委员会认为根据已进行的审查工作能够宣告专利权无效或者部分无效时，即使无效宣告请求被撤回或者视为撤回，仍然可以继续审查程序而不是终止审理。

专利权无效宣告程序的性质并非单纯的民事诉讼性质，无效宣告请求案件虽然仅涉及专利权人和无效宣告请求人双方当事人，但是无效宣告请求审查决定涉及对专利权有效性的确认，其结果不仅关系到专利权人和请求人的权益，更与公众的利益相关。对于专利权人与无效宣告请求人达成和解而请求撤回无效宣告请求的案件，如果经审查发现已经能够作出宣告专利权无效或者部分无效的决定，而仅因为无效宣告请求人撤回而继续维持专利权有效，则这种有瑕疵的权利就会成为限制公众使用该技术的障碍。如果他人要想摆脱这种限制，消除障碍，就会被迫再次提出无效宣告请求，重新启动无效宣告程序，这无疑是对社会资源和行政成本的一种浪费。此次修改从维护公共利益的角度出发，针对实践中存在的问题，综合考虑各方面意见和建议，在基本保持无效宣告请求的审理程序遵循依当事人请求原则不变的前提下，增加了相应的例外规定。即：在通常情况下，当事人请求撤回无效宣告请求或者其请求被视为撤回的，无效宣告程序终止。但是，当专利复审委员会根据已进行的审查工作认为能够作出宣告专利权无效或者部分无效的决定时，即使请求人撤回无效宣告请求或者其无效宣告请求被视为撤回，该无效宣告审理程序不是当然终止，而是由专利复审委员会依职权继续案件的审理程序，并进而相应地作出宣告无效或者部分无效的决定。

由于本条的修改是针对实践中各方反映较为强烈、迫切需要及时采取措施的问题，且修改内容主要体现为对无效宣告审理程序的完善，并不直接影响当事人的实体权益，因而本条新规定内容的适用范围与提出专利申请和授予专利权是否依据修改之前或者之后的《专利法》没有对应关系，不应限于依据修改后的《专利法》授予的专利权。因此《关于施行修改后的专利法实施细则的过渡办法》规定，2010 年 2 月 1 日以后提出无效宣告请求的，对该无效宣告请求的审查适用修改后的本条第二款的规定。

二十九、关于第七十三条

本条为新增条款，规定了《专利法》第六章"专利实施的强制许可"中涉及的几个重要概念的含义。

首先，规定了《专利法》第四十八条第（一）项所称的"未充分实施其专利"的含义。根据修改后的《专利法》第四十八条第（一）项的规定，专利权人自专利权被授予之日起满三年，且自提出专利申请之日起满四年，无正当理由未实施或者未充分实施其专利的，国务院专利行政部门根据具备实施条件的单位或者个人的申请，可以给予实施发明专利或者实用新型专利的强制许可。为明确相关概念，本条对"未充分实施其专利"的含义作了具体解释，即"专利权人及其被许可人实施其专利的方式或者规模不能满足国内对专利产品或者专利方法的需求"。其中"实施"即为《专利法》第十一条规定的各种行为方式，包括为生产经营目的制造、使用、许诺销售、销售、进口其专利产品，或者使用其专利方法以及使用、许诺销售、销售、进口依照该专利方法直接获得的产品。专利权人以其中的一种或者多种方式行使专利权的，即满足了"实施"的要求。而"未充分"实施的含义是指实施专利的方式或者规模不能满足国内对专利产品或者专利方法的需求，这既包括专利产品不能满足国内需求情形，也包括实施专利方法在方式或者规模方面不能满足需求的情形。实践中某些方法专利，例如降低工业废气、废水排放的方法或者降低能耗的方法等，虽然其本身并不直接以产品形态出现，但其实施对于公众、相关产业具有重要意义。从国际范围来看，以未实施或者未充分实施为理由请求给予强制许可是各国专利制度中普遍采取的做法，法国、日本、印度、巴西等国的专利法中都有相应规定。各国对于未充分实施的解释通常都指实施专利未能满足本国市场的需求。

其次，本条还规定了《专利法》第五十条所称的"取得专利权的药品"的含义。《专利法》第五十条规定：为了公共健康目的，对取得专利权的药品，国务院专利行政部门可以给予制造并将其出口到符合中华人民共和国参加的有关国际条约规定的国家或者地区的强制许可。其中如何理解"取得专利权的药品"的含义，将直接关系到以此为由给予强制许可的对象。在世贸组织总理事会2003年8月30日通过的《关于实施TRIPS协议与公共健康宣言第6段的决议》以及2005年12月6日通过的《关于修改TRIPS协议的议定书》中，都对各成员利用WTO机制在特定情况下强制许可生产并出口的"药品"进行了定义❶。中国已在2007年10月28日批准接受了该议定书。因此，本条对"取得专利权的药品"的解释参考了上述国际规则的内容并尽可能与其措辞保持一致，即：解决公共健康问题所需的医药领域中的任何专利产品或者依照专利方法直接获得的产品，包括取得专利权的制造该产品所需的活性成

---

❶ ANNEX TO THE TRIPS AGREEMENT – For the Purposes of Article 31bis and this Annex：（a）"Pharmaceutical product" means any patented product, or product manufactured through a patented process, of the pharmaceutical sector needed to address the public health problems as recognized in paragraph 1 of the Declaration. It is understood that active ingredients necessary for its manufacture and diagnostic kits needed for its use would be included⋯

分以及使用该产品所需的诊断用品。值得注意的是，"药品"的范围不仅包括传统意义上的专利药品或者依照专利方法直接获得的药品，而且扩展到取得专利权的制造药品所需的活性成分以及使用药品所需的诊断用品。这也是发展中国家在多哈回合的国际谈判中取得的重要成果之一。在此次专利法及其实施细则修改征求意见过程中，曾就WTO"公共健康决定中'药品'的范围，特别是是否包括'疫苗（vaccine）'"的问题进行了讨论。在国际层面，许多世界贸易组织成员认为决议中的"药品"在概念上应当是包括疫苗的，有些成员还在立法中进行了明确，例如2006年欧共体执行《公共健康决定》第2条中规定"药品"是指医药领域的任何产品，并转引了2001年欧洲议会和理事会2001/83/EC有关人用药品的指令第1条第2款对"药品"的定义，即"用于治疗和预防人类疾病的任何物质和物质的组合"，这实际上就包括了疫苗；加拿大是通过国内立法回应世界贸易组织总理会决议的第一个国家，其为解决公共健康问题而颁布的修改专利法和食品药品法C-9议案所附的"可授予强制许可的产品药物清单"中明确列出了"白喉疫苗"和"乙型肝炎疫苗"；并且这些在"药品"的法律定义中直接或者间接包括了"疫苗"的世界贸易组织成员，目前为止并未受到其他成员的质疑。另外，我国的《药品管理法》第一百零二条对"药品"含义的解释是"用于预防、治疗、诊断人的疾病，有目的地调节人的生理机能并规定有适应症或者功能主治、用法和用量的物质，包括中药材、中药饮片、中成药、化学原料药及其制剂、抗生素、生化药品、放射性药品、血清、疫苗、血液制品和诊断药品等"。公共健康问题事关重大，强制许可中涉及的"药品"的定义对维护广大民众的生命健康有很大影响。鉴于世界贸易组织成员的共识和我国相关法律的规定，并参考其他国家的立法，本条所述的"专利产品或者依照专利方法直接获得的产品"应当理解为包括疫苗以及血清、抗生素等预防、治疗、诊断人的疾病的产品。

三十、关于第七十四条

本条由原《专利法实施细则》第七十二条修改而来，修改涉及三个方面：

一是，删除了原《专利法实施细则》第七十二条第一款和第四款。由于修改后的《专利法》第四十八条第（一）项已将以"无正当理由未实施或者未充分实施其专利"为由向国务院专利行政部门请求给予强制许可的限制性条件规定为"专利权人自专利权被授予之日起满三年，且自提出专利申请之日起满四年"，此外，原第七十二条第四款有关"强制许可实施主要是为供应国内市场的需要"的要求以及对"强制许可涉及的发明创造是半导体技术"的特别限制，分别在修改后的《专利法》第五十三条和第五十二条中进行了规定。因此，在本条中相应地将原《专利法实施细则》第七十二条第一款和第四款的内容删除。

二是，完善了驳回强制许可或者给予强制许可决定作出前的通知程序。2003 年 7 月 15 日起施行的《专利实施强制许可办法》第十一条中规定："请求人陈述的理由和提交的有关证明文件不充分或不真实的，国家知识产权局在作出驳回强制许可请求的决定前应当通知请求人，给予其陈述意见的机会"，但对于是否同时通知专利权人，以及在作出给予强制许可的决定前是否需要通知双方当事人的问题，前述部门规章没有明确规定。驳回强制许可请求或者给予强制许可的决定是在经过依法审查、平衡专利权人利益和公众利益后慎重作出的决定，无论是对请求人，还是对专利权人都将产生重大影响。而就给予强制许可的理由、事实和法律依据以及实施强制许可的方式、范围、规模和期限等，在作出决定前听取当事人的意见陈述，也有助于行政机关在合法的前提下全面考虑、更合理地作出决定。因而在作出决定前将拟作出的决定及其理由通知给当事人，不论是对强制许可请求人，还是对专利权人来说都是重要的程序性保障，不宜规定在法律层级较低的部门规章中，有必要在《专利法实施细则》层面作出明确规定。因此，本条新增第三款规定：国务院专利行政部门在作出驳回强制许可请求的决定或者给予强制许可的决定前，应当通知请求人和专利权人拟作出的决定及其理由。

三是，对国务院专利行政部门依照《专利法》第五十条的规定作出的给予强制许可的决定进行了补充限定，要求"应当同时符合中国缔结或者参加的有关国际条约关于为了解决公共健康问题而给予强制许可的规定，但中国作出保留的除外"。为了充分利用专利强制许可制度应对公共健康问题，第三次修改后的《专利法》根据中国批准接受的世界贸易组织《关于修改 TRIPS 协议议定书》的规定，增加了在某些国家缺乏制药能力或者能力不足的情况下，给予制造专利药品并将该药品出口到这些国家的强制许可的原则性规定。《关于实施 TRIPS 协议与公共健康宣言第 6 段的决议》和《关于修改 TRIPS 协议的议定书》的规定比较复杂，在规定有关成员为解决缺乏制药能力或者能力不足的成员面临的公共健康问题，可以给予出口专利药品的强制许可的同时，还附加了大量的程序和实体方面的义务。考虑到我国立法惯例，《专利法》中不可能详细规定这些义务。在《专利法实施细则》修改过程中，为了消除有关成员对我国是否全部履行有关义务的疑虑，国家知识产权局提请国务院审议的《中华人民共和国专利法实施条例修订草案（送审稿)》曾建议在《专利法实施细则》中详细规定与此类强制许可有关的事项，包括强制许可请求书、涉及的进口方和专利药品、给予强制许可决定的内容的特别要求、国务院有关主管部门防止贸易转移的措施、强制许可使用费的支付以及向世界贸易组织通报信息等。立法机关审查后认为《专利法实施细则》只需规定给予此类强制许可应当满足的基本要求，即符合中国缔结或者参加的国际条约的相关规定，以落实《专利法》的原则性规定，具体的操作性规范留待国家知识产权局的部门规章再作规定。

三十一、关于第七十六条

本条为新增条款。

首先，对于职务发明的奖励、报酬，修改前的《专利法》及其实施细则虽然作了较为明确的规定，但当时基于计划经济的历史背景所设立的制度，在当前市场经济环境中难以发挥作用。尤其是关于职务发明奖励报酬的方式过于单一，数额和比例缺乏灵活性，不能与企事业单位的经营自主权有机融合。同时，修改前相关条款的适用范围仅限于国有企事业单位，对于其他类型单位仅仅是参照适用，尽管这些规定在当初制定《专利法》时符合实践的需要，但随着市场经济的深入发展，各类市场主体不论其所有制形式如何，在参与市场竞争过程中应当遵循一致的规则，因而从立法角度看这种"参照适用"的规定不能充分体现公平性。为此，本次修改从充分调动企业和发明人两方面的创新积极性出发，为合理平衡保护企业和发明人双方的正当权益，引导企业依法完善内部管理制度，参考《专利法》第六条有关"合同优先"的规定，在职务发明的奖励和报酬制度中也引入了合同优先原则。根据本条第一款规定，被授予专利权的单位可以与发明人、设计人约定或者在其依法制定的规章制度中规定对发明人奖励和报酬的方式和数额。所谓"约定"，既包括事先订立的劳动合同，也包括在发明创造完成之前或者之后单位与发明人、设计人专门就奖酬问题达成的协议。除了合同外，单位依法制定的规章制度中如果明确规定了有关奖励和报酬的方式和数额，也可以作为确定发明人奖酬的依据。此外，由于本条第一款规定奖励和报酬的方式可以约定，因而为企事业单位通过给予发明人股权、期权、实物财产、提升职务或者增加工资等多种方式实施奖励和报酬制度提供了法律依据，减少了对企事业单位自主经营管理的限制，也使发明人获得的奖励和报酬不再单一地体现为货币形式。

其次，为规范企事业单位对发明人、设计人给予奖酬的财务处理方式，本条第二款明确规定，应当按照国家有关财务、会计制度的规定进行处理。这主要有两方面的意思：一是企事业单位可以将有关奖酬列入成本或者按照有关科目进行列支；二是需发明人或者设计人对其取得的奖酬要依法纳税或者根据国家有关政策获得税收减免或者优惠。

此外，由于本条规定的内容统一适用于各种类型的企事业单位，因此删除原《专利法实施细则》第七十七条，即："本章关于奖金和报酬的规定，中国其他单位可以参照执行。"

三十二、关于第七十七条

本条对法定奖励标准进行了调整。首先强调了合同优先原则，明确规定在单位与发明人无约定的情况下才需要按照法定标准进行奖励。其次提高法定奖金数额的下限，将一项发明专利的奖金由原来的最低不少于2000元调整为最低不少于3000元；将一项实用新型专利或者外观设计专利的奖金由原来的最低不少于500元调整为最低不少于1000元，以适应经济社会发展的实际状况，体现对发明人、设计人发明创造积极性的鼓励。

三十三、关于第七十八条

本条由原《专利法实施细则》第七十五条和第七十六条合并而来，修改思路和主要内容与第七十七条的修改类似。首先强调了合同优先的原则，明确规定在单位与发明人或者设计人就职务发明的报酬没有约定的情况下，应当按照本条规定的法定标准执行。其次，将报酬计算基准由原来的"实施……专利所得利润纳税后提取"修改为"营业利润中提取"，将许可他人使用专利"收取的使用费纳税后提取"修改为"收取的使用费中提取"，从而在提取比例不变的情况下，扩大了计算发明人报酬的基数。此外，本条对其他文字表述进行了调整。

需要说明的是，在征求意见过程中，一些企业担心有关对发明人奖励和报酬标准的规定会给其增加管理和经济负担，其实这种担心恰好是修改《专利法实施细则》增加第七十六条的核心出发点。本次修改引入的"合同优先"原则就是赋予企业充分的自主权，允许企业与发明人约定奖励报酬的具体方式，企业可以提早制定合理的奖酬方案。而本条规定的各项标准只有在企业与发明人或者设计人没有约定的情况下才会适用。

三十四、关于第八十条

本条根据实践的需要，明确和调整了国务院专利行政部门对地方管理专利工作的部门在行政执法方面进行业务指导的范围。

根据《专利法》第三条的规定，国务院专利行政部门负责管理全国的专利工作，而指导地方管理专利工作的部门开展行政执法则是其中的重要内容。实践表明，管理专利工作的部门除了需要国务院专利行政部门对其处理侵权纠纷和调解其他专利纠纷进行指导外，还需要对查处假冒专利行为进行指导。对此，本次《专利法实施细则》修改中予以补充。与此同时，由于《专利法》的第三次修改已将假冒他人专利和冒充专利调整合并为假冒专利，本条也进行了相应调整。故修改后的第八十条规定："国务院专利行政部门应当对管理专利工作的部门处理专利侵权纠纷、查处假冒专利行为、调解专利纠纷进行业务指导。"

三十五、关于第八十三条

本条有两个方面的修改：

首先，由于《专利法》第十七条将"专利标记"改为"专利标识"，本条第一款进行了相应的修改。

其次，新增一款作为第二款，规定对专利标识不符合规定的行为由管理专利工作的部门责令改正。标注专利标识是专利法赋予专利权人的一项权利，但实践中，标注不当的现象时有发生。例如，有的专利权人在产品包装或者说明书上写明"专利产品，仿冒必究"，但是并不标注具体的专利号，也不标注专利类别。标注不当不仅不能发挥将相关专利信息告知公众的作用，反而还会在一定程度上导致公众产生混淆，不要利于维护正常的生产经营秩序。为此，修改后的《专利法实施细则》第八十三条新增一款，规定专利标识不符合规定的，由管理专利工作的部门责令改正。

三十六、关于第八十四条

本条是以原《专利法实施细则》第八十四条为基础，同时吸纳原《专利法实施细则》第八十五条相应内容后形成的条款，主要涉及假冒专利行为的种类、例外以及免于处罚的情形。有以下几个方面的修改：

第一，在第一款第（一）至第（四）项中列举了四类假冒专利行为，包括：在未被授予专利权的产品或者其包装上标注专利标识、专利权被宣告无效后或者终止后继续在产品或者其包装上标注专利标识、未经许可在产品或者其包装上标注他人的专利号；销售前述带有专利标识的产品；在产品说明书等材料中将未被授予专利权的技术或者设计称为专利技术或者专利设计，以及将专利申请称为专利；伪造或者变造专利证书、专利或者专利申请文件。需要注意的是，本次修改明确将专利权终止后继续在产品或者包装上标注专利标识的行为，以及在产品说明书等材料中将专利申请称为专利的行为列入假冒专利的范围。

第二，在第一款新增第（五）项，规定了属于假冒专利行为的兜底条款。本项采用的表述是"其他使公众造成混淆，将未被授予专利权的技术或者设计误认为是专利技术或者专利设计的行为。"

第三，新增一款作为第二款，明确规定在专利权终止前已经依法标注了专利标识的产品，在专利权终止后许诺销售或者销售该产品的行为不属于假冒专利。在以往执法实践中，对于在专利权终止前依法标注专利标识并在专利权终止后许诺销售或销售产品的行为是否构成冒充专利行为，存在不同的看法，各地知识产权局对具体案件的定性和处理也不统一。由于在专利权终止前标注专利标识是专利权人的一项权利，因而在专利权终止后继续销售其终止前已经合法标注的产品是专利权人合法权利的自然延续，不应将专利权人的合法行为片面、机械地理解为假冒专利。为统一认识和规范执法，本次修改对此作出了明确规定。但应当注意的是，只有对于在专利权终止前已经依法标注专利标识的产品，在专利权终止后继续销售或者许诺销售的行为才不构成假冒专利。如果专利权终止前标标注专利标识的行为不符合要求的，如仅仅是标注"专利产品，仿冒必究"字样的，仍然需要责令改正甚至给予处罚。

第四，新增一款作为第三款，规定了对"销售不知道是假冒专利的产品"的行为免于罚款处罚的情形。根据本条第一款第二项，销售假冒专利产品的也构成假冒专利行为。在现实生活中，销售者往往难以对其销售的商品是否属于专利产品进行一一核查，因此本条规定对不知情而又能证明合法来源的销售者免除了罚款的处罚。但是，由于其销售行为性质上仍属于假冒专利，有关产品仍然是假冒专利的产品，故仍应当停止销售。

第五，由于修改前的《专利法实施细则》第八十四条中只提及"专利技术"，在字面含义上没有涵盖外观设计专利，此次修改增加了"专利设计"，使其更加准确。

三十七、关于第八十五条

本条规定了管理专利工作的部门可以调解的专利纠纷的范围，共有三处修改：

首先，本条第一款新增一项作为第（五）项，将"其他专利纠纷"纳入管理专利工作的部门依当事人请求进行调解的范围。其他专利纠纷包括专利权转让、专利权质押、许可合同纠纷等。

其次，将本条第二款中的"专利权人"改为"当事人"，因为就发明专利权被授予前因使用发明而未支付适当费用的纠纷而言，纠纷发生时还不能采用"专利权人"的表述。

第三，将本条第一款中的"专利法第五十七条"相应修改为"专利法第六十条"，将第（三）项中的"职务发明"，改为"职务发明创造"，使之与专利法相一致。

三十八、关于第八十六条

本条有两个方面的修改：

首先，自2000年《专利法》第二次修改后，管理专利工作的部门对专利权和专利申请权归属纠纷不再进行处理，而是进行调解，因此将本条第一款中的请求管理专利工作的部门"处理"相应地修改为"调解",并将第三款中的"处理决定"修改为"调解书"。

其次,在本条第二款中新增了因权属纠纷请求中止有关程序所附据的受理文件副本应当写明申请号或者专利号的规定。实践中,由于一些受理通知中没有写明涉案专利申请或者专利的申请号或者专利号,导致在同一当事人有多件申请或者多项专利的情况下,国家知识产权局难以确定应当中止哪一件申请或专利,使相关裁定无法执行,也可能因此造成当事人的权益受损。为此,此次修改明确了写明有关申请号或者专利号的要求。

三十九、关于第八十七条

本条有三方面的修改:

第一,明确了因人民法院裁定对专利申请权采取保全措施而进行的中止程序。根据《中华人民共和国民事诉讼法》第九十二条,人民法院对于可能因当事人一方的行为或者其他原因,使判决不能执行或者难以执行的案件,可以作出财产保全的裁定。2001年修改的《专利法实施细则》第八十七条规定,人民法院对专利权采取保全措施的,国务院专利行政部门应当中止被保全的专利权的有关程序。由于专利申请权与专利权密不可分,实践中需要对专利申请权进行财产保全的案件时有发生。经商最高人民法院,国家知识产权局于2001年11月发出第七十九号公告,其中规定:人民法院根据《中华人民共和国民事诉讼法》有关规定采取财产保全措施需要对专利申请权进行保全的,应当向国家知识产权局发出协助执行通知书并附人民法院作出的财产保全民事裁定。本次修改将涉及专利申请权的财产保全一并写入《专利法实施细则》,使之在立法层次上更加明确,便于当事人理解。

第二,新增了要求裁定书和协助执行通知书写明申请号或者专利号的内容,以避免出现因缺少申请号或者专利号而造成难以保全或者保全不当的情况。

第三,明确国家知识产权局中止专利申请权或者专利权有关程序的时间为收到人民法院的裁定书和协助执行通知书之日。

四十、关于第八十八条

本条为新增条款。《专利法实施细则》第八十六条和第八十七条对中止的条件、手续和期限等作出了规定，而中止的范围亦是中止程序非常重要的内容，应由《专利法实施细则》加以明确，故增加本条。

本条具体规定较原《审查指南》中规定的"中止的范围"没有实质性变化，但对相关表述进行了调整、概括和完善，例如将"停止"改为"暂停"，使表述更为准确。

修改过程中，对本条的意见主要集中在中止程序适用的范围是否包括专利权无效宣告程序。一种观点认为专利权无效宣告程序是对专利权本身的有效性进行判定，专利权归属纠纷和相关财产保全措施对是否应当宣告该专利权无效没有直接关系，因而没有必要中止无效程序；另一种观点则认为当在无效程序进行期间发生了专利权归属纠纷或者被采取财产保全措施时，如果不中止无效程序，有可能影响真正的专利权人或者相关债权人的权益。此外，也有观点强调中止专利权无效宣告程序的规定有可能在实践中被滥用。例如，在专利侵权纠纷中，被控侵权人提出了无效宣告请求并被复审委员会受理。之后，被控侵权人恶意唆使他人挑起与专利权人的权属纠纷，使专利权无效宣告程序中止，进而达到拖延侵权纠纷处理或者审理进程的目的。另一种可能滥用的情形是，专利权人明知自己的专利权存在瑕疵，被宣告无效的可能性很大，于是与他人恶意制造专利权归属纠纷，利用中止程序拖延专利权无效宣告程序，以达到延长专利权拥有时间、获得不当利益的目的。

综合考虑各方面的意见，我们认为，尽管专利权归属与是否应当宣告其无效没有直接关系，以及实践中存在着中止程序被滥用的可能性，但与维护真正专利权人的权益相比，显然后者占有更重要的位置。如果中止的范围中不包含专利权无效宣告程序，现实中就可能发生另一种问题，即当无效程序中的专利权人认为自己因不符合申请资格而可能丧失专利权时，便不会在无效程序中积极主张权利，从而导致本应获得保护的专利权被宣告无效，使真正的专利权人或者相关债权人的权益受损。此外，对人们担心的中止专利权无效程序的规定在实践中可能被滥用的情形，依据现行专利法的规定和司法解释确定的规则可以进行制约。首先，对于那些所保护的发明创造明显属于现有技术或者现有设计的专利权，由于现行《专利法》中增加了现有技术抗辩的规定，即便专利权无效宣告程序被中止，专利权人在侵权诉讼中的败诉结果不会受到影响。其次，如果侵权纠纷确需依赖专利权无效宣告程序的结果作出判定，在专利权无效宣告程序被中止的情况下，侵权纠纷程序也会相应中止，而整个程序的拖长对专利权人不会带来实际的好处。第三，由于在侵权诉讼中，对涉及发明专利权或者经专利复审委员会审查维持的实用新型、外观设计专利权的纠纷案件，即便被告在答辩期间内请求宣告该项专利权无效，人民法院也可以不中止诉讼。因此，在很多情况下，专利权无效宣告程序的进程都不会影响侵权纠纷的审理或者处理。

综上，在平衡专利权人利益和公共利益，综合考虑各种问题出现的可能性及应对措施的基础上，本条规定中止程序的适用范围包括专利权无效宣告程序。

需要补充的是，《专利审查指南》进一步规定了中止程序的具体范围和情形，即：（1）暂停专利申请的初步审查、实质审查、复审、授予专利权和专利权无效宣告程序；（2）暂停视为撤回专利申请、视为放弃取得专利权、未缴年费终止专利权等程序；（3）暂停办理撤回专利申请、放弃专利权、变更申请人（或专利权人）的姓名或者名称、转移专利申请权（或专利权）、专利权质押登记等手续。中止请求批准前已进入公布或者公告准备的，该程序不受中止的影响。

四十一、关于第九十条

本条涉及需要在专利公报中公布或者公告的内容。本次修改的目的是使公布或者公告的各个项目之间条理更加清楚、表述更加确切。主要体现在以下几个方面：

第一，对原条款中的前两项"（一）专利申请中记载的著录事项；（二）发明或者实用新型说明书的摘要，外观设计的图片或者照片及其简要说明"予以拆分，并按从申请到授权的顺序调整到相应位置，修改为"（一）发明专利申请的著录事项和说明书摘要；""（四）专利权的授予以及专利权的著录事项；""（五）发明或者实用新型专利的说明书摘要，外观设计专利的一幅图片或者照片"。除调整顺序之外，还将原来的"外观设计的图片或者照片及其简要说明"修改为"外观设计专利的一幅图片或者照片"。

第二，就发明专利申请公布之后需要公告的事项补充了"视为放弃"一项，修改为"（三）发明专利申请公布后的驳回、撤回、视为撤回、视为放弃、恢复和转移"。

第三，将原来的"（四）保密专利的解密"修改为"（六）国防专利、保密专利的解密"。此次《专利法实施细则》修改将国防专利与保密专利并列，并就保密专利作出了专门规定。因此，需要在本条中将这两个概念分别表述。

第四，新增一项，为"（十四）文件的公告送达"。《专利法实施细则》第四条规定了对地址不清的当事人可以公告送达文件，但对在何种载体上进行公告没有规定。为解决此问题，本条中予以明确。

四十二、关于第九十一条

本条是由修改前的《专利法实施细则》第八十九条第二款修改而来。主要修改内容包括两个方面：

第一，将有关专利文件的名称进行调整。修改前的规定是："发明或者实用新型的说明书及其附图、权利要求书由国务院专利行政部门另行全文出版"。这一规定一方面没有提到外观设计专利文件，另一方面对"另行全文出版"的文件只规定了其内容，没有称谓。修改前的《审查指南》将该文件命名为"说明书全文"。

这一称谓容易产生误解，以为仅仅是包括说明书，不包括权利要求书。本次修改一方面明确将外观设计专利文件纳入其中，另一方面将"另行全文出版"的文件命名为单行本，即发明专利申请单行本、发明专利单行本、实用新型专利单行本和外观设计专利单行本。根据《专利审查指南》的规定，发明专利申请单行本包括扉页、权利要求书、说明书（有附图的，含附图）。其中扉页由著录事项、摘要及摘要附图（说明书有附图的情况下）组成。

第二，明确规定国务院专利行政部门应当提供专利公报、发明专利申请单行本以及三种专利单行本等供公众免费查阅。《专利法》第三次修改在第二十一条新增第二款："国务院专利行政部门应当完整、准确、及时发布专利信息，定期出版专利公报。"本条以此为依据，就国务院专利行政部门传播专利信息的义务进行了具体规定。专利文献是专利制度的产物，是专利制度的法律保护和技术公开两大功能的集中体现。专利信息的传播将为科技、经济、贸易活动提供参考信息。专利公报、发明专利申请单行本以及发明专利、实用新型专利、外观设计专利单行本都是专利信息的重要载体，是完整准确及时发布专利信息的具体方式。允许公众免费查阅的范围应包括纸件和电子形式的上述文献信息。

四十三、关于第九十二条

本条为新增条款。专利文献交换不仅是各国、地区以及区域性专利组织之间开展合作的重要内容之一，也是促进专利信息广泛传播和利用的有效手段。实践中，很多国家通过立法明确规定了本国专利部门与其他国家、地区的专利机关或者区域性专利组织交换专利文献的职能。尽管国家知识产权局已经依据相关国际条约和双边协议开展了专利文献交换业务，但缺乏国内立法层面的明确定位。因此，增加本条，明确规定：国务院专利行政部门负责按照互惠原则与其他国家、地区的专利机关或者区域性专利组织交换专利文献。

四十四、关于第九十三条

本条是由原《专利法实施细则》第九十条修改而来，修改涉及四个方面：

一是，取消中止程序请求费、强制许可请求费、强制许可使用费的裁决请求费、申请维持费四项收费。实践中向国务院专利行政部门申请专利和办理其他手续，需要缴纳相应的费用。但收费项目过多，不仅会增加相应的费用缴纳、收费管理、期限监视、误期补救、多缴退还等诸多环节的复杂程度，增大专利申请人和专利权人的负担，也耗费了专利行政部门的大量行政资源。虽然取消上述四项收费将导致国家财政收入一定数量的减少，但从建设服务型政府、激励创新的角度出发，还是有必要简化收费项目和手续。因此本次修改取消了上述四个收费项目。同时，删除原《专利法实施细则》第九十四条，以与本条修改取消申请维持费相一致。

二是，有关各种费用的缴纳标准，由原来的"由国务院价格管理部门会同国务院专利行政部门规定"修改为"由国务院价格管理部门、财政部门会同国务院专利行政部门规定"。这是因为确定有关专利费用的缴纳标准，需要考虑宏观价格政策、财政收入以及行业特殊性等诸多因素，因而应当由国务院价格管理部门、财政部门与具体业务部门联合规定。

三是，调整了费种的排列顺序，基本按照专利申请、审查、授权程序对各收费项目进行分门别类，便于申请人及专利权人清楚准确地知悉在各阶段需要缴纳的各项费用。申请阶段，申请人需缴纳申请费、申请附加费、公布印刷费、优先权要求费；发明专利实质审查阶段，申请人需缴纳发明专利申请实质审查费，提出复审请求的，应缴纳复审费；专利授权时，专利权人应缴纳专利登记费、公告印刷费、年费；最后是申请人或者专利权人在相关程序中可能会涉及的恢复权利请求费、延长期限请求费、著录事项变更费、专利权评价报告请求费和无效宣告请求费。

四是，配合《专利法》第六十一条的修改，将"实用新型专利检索报告请求费"修改为"专利权评价报告请求费"。

四十五、关于第九十四条

本条是由原《专利法实施细则》第九十一条修改而来，修改主要涉及对多缴、重缴或错缴的专利费用的处理。

一是明确了在当事人向国务院专利行政部门提出退款请求时，国务院专利行政部门应当予以退还的义务，同时将请求退款的期限也从自缴费日起1年延长到自缴费日起3年。虽然从账目管理、查询、核对等方面必然会增加国家知识产权局的行政成本，但是这有利于更好地维护广大专利申请人和专利权人的利益。

二是删除了原《专利法实施细则》第九十一条第三款中的"但是，自汇出日至国务院专利行政部门收到日超过15日的，除邮局或者银行出具证明外，以国务院专利行政部门收到日为缴费日"规定。原因是目前的邮局和银行汇付方式已经能够做到及时快捷缴费，以往的实际汇出日与收到日间隔较长的情形基本不会发生。此外，《专利审查指南》中明确规定：当事人对缴费日有异议，并提交银行出具的加盖部门公章的证明材料的，以证明材料确认的汇出日重新确定缴费日。

四十六、关于第九十五条

本条是由原《专利法实施细则》第九十二条修改而来，主要涉及申请费、公布印刷费的缴纳期限。

根据修改前的《专利法实施细则》第九十二条第一款的规定，申请人应当在收到受理通知书后最迟自申请日起2个月内缴纳申请费、公布印刷费和必要的附加费。期满未缴纳或者未缴足的，其申请被视为撤回。从实践来看，绝大多数申请人能够按期缴纳前述费用。但是，实践中不乏因为不懂或者疏忽而未按期缴纳的情况，也可能存在申请人因为地址变更或者邮路等问题未收到或者在申请日2个月后才收到受理通知书的情况。如果仅仅规定缴纳上述费用的期限为自申请日起2个月，当申请人在申请日起2个月内未能收到受理通知的情况下就将其申请视为撤回，显然不尽合理。为避免因在申请日起的 2 个月内未收到通知而对申请人产生不利后果，本次修改在原有自申请日起 2 个月的基础上，增加了新的缴费期限，即允许申请人在收到通知之日起 15 日内缴纳申请费及其他相关费用。两种缴费期限互为补充，这样，就使申请人有了更多的选择余地。当申请人在申请日后很快就收到受理通知书，哪怕是在申请日当天，其依然可以选择在申请日起的 2 个月缴纳有关费用。而如果申请人是在 2 个月期满以后才收到受理通知，则其可以在收到受理通知之日起的 15 天内缴纳上述费用。

本条还有一处文字性修改，即将原第一款中的"附加费"改为"申请附加费"，这样更为准确。申请附加费是指一件专利申请中的权利要求的项数或者说明书的页数超过一定数量后，对超过的部分增收的费用。根据国家知识产权局第 75 号公告的规定，一件专利申请的权利要求超过 10 项的，每超过一项增收 150 元，说明书超过 30 页不超过 300 页的，每页增收 50 元，超过 300 页的，每页增收 100 元。

四十七、关于第九十七条

本条是由原《专利法实施细则》第九十五条修改而来，主要涉及申请维持费。与此处修改相对应的修改还包括删除修改前的《专利法实施细则》第九十条第（三）项中的"申请维持费"以及删除原《专利法实施细则》第九十四条。

根据修改前《专利法实施细则》第九十五条的规定，申请人办理授予专利权登记手续时，应当缴纳专利登记费、公告印刷费和授予专利权当年的年费；发明专利申请人应当一并缴纳各个年度的申请维持费，授予专利权的当年不包括在内。为减轻申请人的负担，简化程序，本次修改取消了申请维持费。相应地，对修改前的《专利法实施细则》第九十条、第九十四条和第九十五条关于申请维持费的规定予以删除。

申请维持费是在 1985 年制定的《专利法实施细则》中设立的一项费用，其作用在于当一项发明专利申请自申请日起满 2 年未被授予专利权时，申请人需要自第三年起每年缴纳一定数额的费用以维持该申请继续有效，直至该申请被授予专利权或者被驳回。按照当时的规定，即使发明专利申请经实质审查最后被驳回，申请人已缴纳的维持费也不退还。2001年修改《专利法实施细则》的时候，调整了申请维持费的缴纳方式，改由申请人在办理授权登记手续时一并缴纳，而对于最后被驳回的发明专利申请，申请人无需缴纳申请维持费。这对那些最后被驳回的发明专利申请的申请人而言，减轻了不合理的负担。本次修改进一步为申请人考虑，彻底取消申请维持费，体现了国家知识产权局简化程序、方便申请人、建设服务型政府的决心。

四十八、关于第九十八条

本条是由原《专利法实施细则》第九十六条修改而来，主要涉及年费的缴纳方式。与本条修改相关的是删除修改前的《专利法实施细则》第九十五条中关于年费缴纳方式的规定。

根据修改前的《专利法实施细则》第九十五条的规定，授予专利权当年以后的年费应当在前一年度期满前1个月内预缴。修改前的《专利法实施细则》第九十六条规定，专利权人未按时缴纳授予专利权当年以后的年费或者缴纳的数额不足的，国务院专利行政部门应当通知专利权人自应当缴纳年费期满之日起6个月内补缴，同时缴纳滞纳金；滞纳金的金额按照每超过规定的缴费时间1个月，加收当年全额年费的5%计算；期满未缴纳的，专利权自应当缴纳年费期满之日起终止。

本次修改将授权当年以后的年费"应当在前一年度期满前1个月内预缴"的规定修改为"应当在上一年度期满前缴纳"，使专利权人缴纳年费的期间更为宽松，而不是在前一年度的最后一个月内缴纳下一年度的年费。

四十九、关于第九十九条

本条是由原《专利法实施细则》第九十七条修改而来，主要涉及部分专利费用的缴纳，修改之处包括：

一是在新增的第一款中规定：恢复权利请求费应当在本细则规定的相关期限内缴纳；期满未缴纳或者未缴足的，视为未提出要求。本款规定主要是与修改后的《专利法实施细则》第六条第三款的规定相呼应。根据修改后《专利法实施细则》第六条第二款的规定，当事人因其他正当理由延误《专利法》或者《专利法实施细则》规定的期限或者国务院专利行政部门指定的期限，导致其权利丧失的，可以自收到国务院专利行政部门的通知之日起2个月内向国务院专利行政部门请求恢复权利。同时，《专利法实施细则》第六条第三款又规定，当事人依照此条第二款的规定请求恢复权利的，还应当缴纳恢复权利请求费。但对于恢复权利请求费的缴纳期限，第六条中并没有规定。因此，需要在"费用"一章中明确规定恢复权利请求费的缴纳期限。所谓"在本细则规定的相关期限"，就是第六条第二款规定的请求恢复权利的期限，即"自收到国务院专利行政部门的通知之日起2个月内"。该期限届满而未缴纳或者未缴足的，则视为未提出权利恢复请求。

二是与修改后的《专利法实施细则》第九十三条的规定相对应，在本条第三款中删除了中止程序请求费、强制许可请求费、强制许可使用费的裁决请求费等收费项目，同时由于《专利法》中已经将实用新型专利检索报告改为专利权评价报告，因此相应地将实用新型专利检索报告费改为专利权评价报告请求费。

五十、关于第一百零三条

2001年修改《专利法实施细则》的时候，增加了第十章"关于国际申请的特别规定"，对根据《专利合作条约》（PCT）提出的国际申请进入中国国家阶段的具体要求作出明确规定。这些规定对保障国际申请顺利进入中国国家阶段发挥了重要作用。在过去几年中，世界知识产权组织对PCT、《PCT实施细则》及其行政规程和审查指南进行了一系列改革。为了与之相适应，我国曾于2002年对《专利法实施细则》的相关规定进行了修改。此次修改《专利法实施细则》，对照《PCT实施细则》的修改情况，对《专利法实施细则》的有关规定进行了必要的调整和完善。此外，鉴于与《专利法实施细则》的整体体例相比，《专利法实施细则》第十章的内容显得较为烦琐和冗长，本次修改对一些条款的内容进行整理、合并和调整，以使修改后的条款更为简洁、明确和完整。

原《专利法实施细则》第一百零一条至第一百零五条的体例安排是：第一百零一条规定申请人办理进入中国国家阶段的主要手续；第一百零二条规定办理国际申请进入中国国家阶段必须满足的条件（也称之为最低要求），如果国际申请未满足这些条件，国际申请就不能进入中国国家阶段；而根据第一百零三条的规定，如果申请人在办理第一百零一条所规定的手续时没有满足某项或某些要求，并不妨碍其申请进入中国国家阶段，申请人可以在国家知识产权局指定的期限内予以补正，使其申请满足相关要求。这种体例的设计思路是合理的，但是条文中存在一些不足，一是文字重复，整体不够简洁，例如第一百零二条、第一百零三条中重复了第一百零一条已经规定的手续，只是增加了"未提交"、"未缴纳"、"未办理"、"未写明"的设定；二是关于国际申请在中国的效力终止的规定分散在原第一百条和第一百零二条中，并且是否可以恢复权利的规定不十分明确；三是原第一百零一条规定了申请人需要办理的大部分手续，却留下了极少量"还需要满足"的要求在原第一百零五条中，而第一百零五条除涉及写明发明人的姓名、提交申请人资格证明等事项，还涉及要求享有新颖性宽限期的手续，从问题的性质上讲将这些要求置于一条之中不尽合理。因此，此次修改对原第一百条至一百零五条的内容进行整理、合并和调整，使之条理更为清晰、内容更加简明和完整。修改后的条款安排是：第一百零三条，关于办理进入中国国家阶段手续的期限；第一百零四条，办理进入中国国家阶段的手续要求，并明确满足何种要求即可进入中国，不满足何种要求可以进行补正；第一百零五条，国际申请在中国的效力终止及其恢复；原一百零五条中关于要求新颖性宽限期的规定独立成为第一百零七条。

具体到第一百零三条，本条由原《专利法实施细则》第一百零一条修改而来，明确规定办理进入中国国家阶段手续的期限。根据本条的规定，"国际申请的申请人应当在专利合作条约第二条所称的优先权日（本章简称优先权日）起 30 个月内，向国务院专利行政部门办理进入中国国家阶段的手续；申请人未在该期限内办理该手续的，在缴纳宽限费后，可以在自优先权日起 32 个月内办理进入中国国家阶段的手续。"

五十一、关于第一百零四条

本条由原《专利法实施细则》第一百零一条、第一百零二条、第一百零三条和第一百零五条的内容经整理、合并、调整而来，明确规定了办理进入中国国家阶段的手续时应当符合的要求，并明确了"进入日"的概念以及确定"进入日"的最低要求。除确定"进入日"的最低要求外，如果国际申请不符合其他要求，申请人可以在进入国家阶段后进行补正。

本条第一款规定了申请人办理进入中国国家阶段的手续，包括提交书面声明、书面声明需要写明的内容、提交必要的申请文件和/或中文译文及缴纳费用等。

本条第二款由原《专利法实施细则》第一百零二条的规定修改而来，明确规定如果申请人正确地以中文提交了进入中国国家阶段的书面声明，写明国际申请号和要求获得的专利权类型，缴纳了申请费、公布印刷费及必要时需缴纳的宽限费，或者在国际申请是以外文提出的情况下，同时提交了原始说明书和权利要求书的中文译文，即符合了进入中国国家阶段的最低要求，其国际申请可以进入中国，国家知识产权局将给予申请号并明确给予进入日。

与原《专利法实施细则》的规定相比，进入中国国家阶段的最低要求中增加了申请人应当写明其要求获得的专利权类型。这是因为《PCT 实施细则》在 2004 年修改时规定，国际申请的保护类型在进入国家阶段时再确定。如果申请人不在进入国家阶段的声明对此加以明确，该国际申请的保护类型究竟是发明还是实用新型就不清楚，不能进入中国国家阶段。另外，原《专利法实施细则》中没有"进入日"的概念，在需要计算期限的几个条款，例如提交修改文件的中文译文、提交要求新颖性宽限期的证明文件、提出主动修改或提出分案申请等条款中，分别用"自办理进入中国国家阶段手续之日起"、"在国务院专利行政部门作好国家公布的准备工作前"作为期限的起算时间，而申请人办理进入中国国家阶段手续并不一定在一天内完成，很可能是持续了一段时间才完成，这样以一段时间作为另一期限的起算日是不明确的。因此本次修改明确了"进入日"的概念。

本条第三款是由原第一百零三条和第一百零五条的规定修改而来，规定："国际申请已进入中国国家阶段，但不符合本条第一款第（四）项至第（七）项要求的，国务院专利行政部门应当通知申请人在指定期限内补正；期满未补正的，其申请视为撤回。"

五十二、关于第一百零五条

本条由原《专利法实施细则》第一百条和第一百零二条的有关内容合并而来，明确了国际申请在中国效力终止的情形，并对权利的恢复作出明确规定。

国际申请在中国效力终止，可能有三种情形，一是因国际阶段的事件导致在中国效力终止，即国际申请在国际阶段被撤回或者被视为撤回，或者国际申请对中国的指定被撤回；二是因申请人未在优先权日起 32 个月内办理进入中国国家阶段手续而导致效力终止；三是由于申请人未在法定期限内符合进入中国国家阶段的最低要求，即自优先权日起 32 个月期限届满仍不符合本细则第一百零四条第（一）项至第（三）项要求而导致效力终止。

根据本条第二款的规定，国际申请因在国际阶段的事件而在中国效力终止的，不予恢复权利，即不论当事人是因不可抗拒的事由，还是因其他正当理由延误了期限，导致国际申请在国际阶段被撤回或者被视为撤回，或者国际申请对中国的指定被撤回的，均不予恢复权利；而因未在法定期限内办理手续或者未符合最低要求而导致效力终止的情况，不适用本细则第六条第二款的规定，即：如果当事人是因不可抗拒的事由而延误了进入国家阶段的期限导致权利丧失，则可以依据《专利法实施细则》第六条第一款的规定请求恢复权利。但如果当事人以因其他正当理由延误期限导致权利丧失为由要求恢复权利，其要求将不能得到支持。

五十三、关于第一百零六条

本条由原《专利法实施细则》第一百零四条修改而来，明确了申请人提交在国际阶段作出的修改的中译文的期限。

原《专利法实施细则》规定，国际申请在国际阶段作过修改，申请人要求以经修改的申请文件为基础进行审查的，申请人应当在国务院专利行政部门作好国家公布的准备工作前提交修改的中文译文。但由于申请人可能不清楚国家知识产权局何时完成公布准备工作而无法把握期限的截止日期，从而延误了提交译文的期限，造成译文不被考虑的不利后果。考虑到国家知识产权局一般在国际申请的进入日起2个月内完成国家公布的准备工作，此次修改明确规定："国际申请在国际阶段作过修改，申请人要求以经修改的申请文件为基础进行审查的，应当自进入日起2个月内提交修改部分的中文译文。"

五十四、关于第一百零九条

本条为新增条款，是为了适应《专利法》修改引入的专利申请遗传资源来源信息披露要求，在国际申请进入中国国家阶段增加的一项新要求。披露的具体内容和方式与国内申请一致。

五十五、关于第一百一十条

本条是有关国际申请要求享受优先权的规定，由原《专利法实施细则》第一百零五条、第一百零七条、第一百一十四条的内容合并、修改而来。

在原《专利法实施细则》中，国际申请要求享受优先权的有关规定分散在数个条款之中，此次修改将这些规定进行了整理。根据原第一百零五条的规定，"申请人与作为优先权基础的在先申请的申请人不是同一人，或者提出在先申请后更改姓名的，必要时，应当提供申请人享有优先权的证明材料"，如果申请人没有提供证明材料，"该优先权要求视为未提出"。而修改后的《专利法实施细则》第三十一条第三款规定："要求优先权的申请人的姓名或者名称与在先申请文件副本中记载的申请人姓名或者名称不一致的，应当提交优先权转让证明材料，未提交该证明材料的，视为未要求优先权。"也就是说，《专利法实施细则》第三十一条的规定完全涵盖了原第一百零五条中所述的情形，处置结果也是一样的，因而没有必要在"关于国际申请的特别规定"一章中再单独作出规定。因此，此次修改删除了原第一百零五条中的相关规定，统一适用《专利法实施细则》第三十一条的规定。

本条的修改还比照《专利法实施细则》第九十五条对缴纳优先权要求费的规定进行了修改，删除原第一百一十四条，由本条第二款规定："申请人应当自进入日起2个月内缴纳优先权要求费；期满未缴纳或者未缴足的，视为未要求该优先权。"

另外，对于对优先权书面声明中书写错误或未写明在先申请申请号的情况，统一适用《专利法实施细则》第三十一条的规定，在此不再做特别规定。同时原《专利法实施细则》第一百零七条第四款的内容已经在《专利审查指南》做了更为详细的规定。因此，删除原一百零七条第二款和第四款。

五十六、关于第一百一十二条

本条由原《专利法实施细则》第一百零九条修改而来，放宽了申请人针对要求获得实用新型专利权的国际申请进行主动修改的期限。

根据《专利法实施细则》第五十一条第二款的规定，实用新型专利申请人可以自申请日起2个月内，主动对其申请提出修改。原实施细则第一百零九条规定："要求获得实用新型专利权的国际申请，申请人可以在办理进入中国国家阶段手续之日起1个月内，向国务院专利行政部门提出修改说明书、附图和权利要求书。"此次修改比照《专利法实施细则》中针对普通实用新型申请的规定，将国际申请的申请人主动修改的期限放宽，规定："申请人可以自进入日起 2 个月内对专利申请文件主动提出修改。"

五十七、关于原《专利法实施细则》第一百一十三条

修改后的《专利法实施细则》删除了原《专利法实施细则》第一百一十三条。

根据原《专利法实施细则》第一百一十三条的规定，申请人依照原《专利法实施细则》第一百零一条的规定提交文件和缴纳费用的，以国务院专利行政部门收到文件之日为提交日、收到费用之日为缴纳日，并且可以使用传真方式提交文件，以国务院专利行政部门收到传真件之日为提交日。此次修改删除了原第一百一十三条。由此，国际申请的申请人就其申请向国家知识产权局办理进入中国国家阶段手续及以后的审查程序中提交文件和缴纳费用的，提交日和缴费日的确定均适用《专利法实施细则》其他章节中的相关规定，使得向国家知识产权局提出的专利申请，不论是直接向中国提出还是通过 PCT 途径进入中国的申请，确定其文件提交日和费用缴纳日的标准得以统一。

《中华人民共和国专利法实施细则》修改前后对照表

（修改后的文本中黑体部分为修改或者补充的内容）

中华人民共和国 专利法实施细则（修改前）	中华人民共和国 专利法实施细则（修改后）
第一章 总 则	第一章 总 则
第一条 根据《中华人民共和国专利法》（以下简称专利法），制定本细则。	第一条 根据《中华人民共和国专利法》（以下简称专利法），制定本细则。
第二条 专利法所称发明，是指对产品、方法或者其改进所提出的新的技术方案。 专利法所称实用新型，是指对产品的形状、构造或者其结合所提出的适于实用的新的技术方案。 专利法所称外观设计，是指对产品的形状、图案或者其结合以及色彩与形状、图案的结合所	

作出的富有美感并适于工业应用的新设计。

第三条

专利法和本细则规定的各种手续，应当以书面形式或者国务院专利行政部门规定的其他形式办理。

第四条

依照专利法和本细则规定提交的各种文件应当使用中文；国家有统一规定的科技术语的，应当采用规范词；外国人名、地名和科技术语没有统一中文译文的，应当注明原文。

依照专利法和本细则规定提交的各种证件和证明文件是外文的，国务院专利行政部门认为必要时，可以要求当事人在指定期限内附送中文译文；期满未附送的，视为未提交该证件和证明文件。

第五条

向国务院专利行政部门邮寄的各种文件，以寄出的邮戳日为递交日；邮戳日不清晰的，除当事人能够提出证明外，以国务院

第二条

专利法和本细则规定的各种手续，应当以书面形式或者国务院专利行政部门规定的其他形式办理。

第三条

依照专利法和本细则规定提交的各种文件应当使用中文；国家有统一规定的科技术语的，应当采用规范词；外国人名、地名和科技术语没有统一中文译文的，应当注明原文。

依照专利法和本细则规定提交的各种证件和证明文件是外文的，国务院专利行政部门认为必要时，可以要求当事人在指定期限内附送中文译文；期满未附送的，视为未提交该证件和证明文件。

第四条

向国务院专利行政部门邮寄的各种文件，以寄出的邮戳日为递交日；邮戳日不清晰的，除当事人能够提出证明外，以国务院

专利行政部门收到日为递交日。

国务院专利行政部门的各种文件，可以通过邮寄、直接送交或者其他方式送达当事人。当事人委托专利代理机构的，文件送交专利代理机构；未委托专利代理机构的，文件送交请求书中指明的联系人。

国务院专利行政部门邮寄的各种文件，自文件发出之日起满15日，推定为当事人收到文件之日。

根据国务院专利行政部门规定应当直接送交的文件，以交付日为送达日。

文件送交地址不清，无法邮寄的，可以通过公告的方式送达当事人。自公告之日起满1个月，该文件视为已经送达。

第六条

专利法和本细则规定的各种期限的第一日不计算在期限内。期限以年或者月计算的，以其最后一月的相应日为期限届满日；该月无相应日的，以该月最后一日为期限届满日；期限届满日是法定节假日的，以节假日后的第一个工作日为期限届满日。

专利行政部门收到日为递交日。

国务院专利行政部门的各种文件，可以通过邮寄、直接送交或者其他方式送达当事人。当事人委托专利代理机构的，文件送交专利代理机构；未委托专利代理机构的，文件送交请求书中指明的联系人。

国务院专利行政部门邮寄的各种文件，自文件发出之日起满15日，推定为当事人收到文件之日。

根据国务院专利行政部门规定应当直接送交的文件，以交付日为送达日。

文件送交地址不清，无法邮寄的，可以通过公告的方式送达当事人。自公告之日起满1个月，该文件视为已经送达。

第五条

专利法和本细则规定的各种期限的第一日不计算在期限内。期限以年或者月计算的，以其最后一月的相应日为期限届满日；该月无相应日的，以该月最后一日为期限届满日；期限届满日是法定**休假日**的，以**休假日**后的第一个工作日为期限届满日。

第七条

当事人因不可抗拒的事由而延误专利法或者本细则规定的期限或者国务院专利行政部门指定的期限,导致其权利丧失的,自障碍消除之日起2个月内,最迟自期限届满之日起2年内,可以向国务院专利行政部门说明理由并附具有关证明文件,请求恢复权利。

当事人因正当理由而延误专利法或者本细则规定的期限或者国务院专利行政部门指定的期限,导致其权利丧失的,可以自收到国务院专利行政部门的通知之日起2个月内向国务院专利行政部门说明理由,请求恢复权利。

当事人请求延长国务院专利行政部门指定的期限的,应当在期限届满前,向国务院专利行政部门说明理由并办理有关手续。

本条第一款和第二款的规定不适用专利法第二十四条、第二十九条、第四十二条、第六十二条规定的期限。

第六条

当事人因不可抗拒的事由而延误专利法或者本细则规定的期限或者国务院专利行政部门指定的期限,导致其权利丧失的,自障碍消除之日起2个月内,最迟自期限届满之日起2年内,可以向国务院专利行政部门请求恢复权利。

除前款规定的情形外,当事人因其他正当理由延误专利法或者本细则规定的期限或者国务院专利行政部门指定的期限,导致其权利丧失的,可以自收到国务院专利行政部门的通知之日起2个月内向国务院专利行政部门请求恢复权利。

当事人依照本条第一款或者第二款的规定请求恢复权利的,应当提交恢复权利请求书,说明理由,必要时附具有关证明文件,并办理权利丧失前应当办理的相应手续;依照本条第二款的规定请求恢复权利的,还应当缴纳恢复权利请求费。

当事人请求延长国务院专利行政部门指定的期限的,应当在期限届满前,向国务院专利行政部门说明理由并办理有关手续。

本条第一款和第二款的规定不适用专利法第二十四条、第二十九条、第四十二条、第六十八条规定的期限。

第七条

专利申请涉及国防利益需要保密的，由国防专利机构受理并进行审查；国务院专利行政部门受理的专利申请涉及国防利益需要保密的，应当及时移交国防专利机构进行审查。经国防专利机构审查没有发现驳回理由的，由国务院专利行政部门作出授予国防专利权的决定。

国务院专利行政部门认为其受理的发明或者实用新型专利申请涉及国防利益以外的国家安全或者重大利益需要保密的，应当及时作出按照保密专利申请处理的决定，并通知申请人。保密专利申请的审查、复审以及保密专利权无效宣告的特殊程序，由国务院专利行政部门规定。

第八条

专利法第二十条所称在中国完成的发明或者实用新型，是指

第八条

发明专利申请涉及国防方面的国家秘密需要保密的，由国防专利机构受理；国务院专利行政部门受理的涉及国防方面的国家秘密需要保密的发明专利申请，应当移交国防专利机构审查，由国务院专利行政部门根据国防专利机构的审查意见作出决定。

除前款规定的外，国务院专利行政部门受理发明专利申请后，应当将需要进行保密审查的申请转送国务院有关主管部门审查；有关主管部门应当自收到该申请之日起4个月内，将审查结果通知国务院专利行政部门；需要保密的，由国务院专利行政部门按照保密专利申请处理，并通知申请人。

技术方案的实质性内容在中国境内完成的发明或者实用新型。

任何单位或者个人将在中国完成的发明或者实用新型向外国申请专利的，应当按照下列方式之一请求国务院专利行政部门进行保密审查：

（一）直接向外国申请专利或者向有关国外机构提交专利国际申请的，应当事先向国务院专利行政部门提出请求，并详细说明其技术方案；

（二）向国务院专利行政部门申请专利后拟向外国申请专利或者向有关国外机构提交专利国际申请的，应当在向外国申请专利或者向有关国外机构提交专利国际申请前向国务院专利行政部门提出请求。

向国务院专利行政部门提交专利国际申请的，视为同时提出了保密审查请求。

第九条

国务院专利行政部门收到依照本细则第八条规定递交的请求后，经过审查认为该发明或者实用新型可能涉及国家安全或者重大利益需要保密的，应当及时向申请人发出保密审查通知；申请人未在其请求递交日起 4 个月内收到保密审查通知的，可以就该发明或者实用新型向外国申请专利或者向有关国外机构提交专利国际申请。

国务院专利行政部门依照前款规定通知进行保密审查的，应当及时作出是否需要保密的决定，并通知申请人。申请人未在其请求递交日起 6 个月内收到需要保密的决定的，可以就该发明或者实用新型向外国申请专利或者向有关国外机构提交专利国际申请。

第九条

专利法第五条所称违反国家法律的发明创造，不包括仅其实施为国家法律所禁止的发明创造。

第十条

除专利法第二十八条和第四十二条规定的情形外，专利法所称申请日，有优先权的，指优先权日。

本细则所称申请日，除另有规定的外，是指专利法第二十

第十条

专利法第五条所称违反法律的发明创造，不包括仅其实施为法律所禁止的发明创造。

第十一条

除专利法第二十八条和第四十二条规定的情形外，专利法所称申请日，有优先权的，指优先权日。

本细则所称申请日，除另有规定的外，是指专利法第二十八

条规定的申请日。

第十一条

专利法第六条所称执行本单位的任务所完成的职务发明创造，是指：

（一）在本职工作中作出的发明创造；

（二）履行本单位交付的本职工作之外的任务所作出的发明创造；

（三）退职、退休或者调动工作后 1 年内作出的，与其在原单位承担的本职工作或者原单位分配的任务有关的发明创造。

专利法第六条所称本单位，包括临时工作单位；专利法第六条所称本单位的物质技术条件，是指本单位的资金、设备、零部件、原材料或者不对外公开的技术资料等。

第十二条

专利法所称发明人或者设计人，是指对发明创造的实质性特点作出创造性贡献的人。在完成发明创造过程中，只负责组织工作的人、为物质技术条件的利用

条规定的申请日。

第十二条

专利法第六条所称执行本单位的任务所完成的职务发明创造，是指：

（一）在本职工作中作出的发明创造；

（二）履行本单位交付的本职工作之外的任务所作出的发明创造；

（三）**退休、调离原单位后**或者**劳动、人事关系终止**后 1 年内作出的，与其在原单位承担的本职工作或者原单位分配的任务有关的发明创造。

专利法第六条所称本单位，包括临时工作单位；专利法第六条所称本单位的物质技术条件，是指本单位的资金、设备、零部件、原材料或者不对外公开的技术资料等。

第十三条

专利法所称发明人或者设计人，是指对发明创造的实质性特点作出创造性贡献的人。在完成发明创造过程中，只负责组织工作的人、为物质技术条件的利用

提供方便的人或者从事其他辅助
工作的人，不是发明人或者设
计人。

第十三条❶

同样的发明创造只能被授予
一项专利。

依照专利法第九条的规定，
两个以上的申请人在同一日分别
就同样的发明创造申请专利的，
应当在收到国务院专利行政部门
的通知后自行协商确定申请人。

第十四条

中国单位或者个人向外国人
转让专利申请权或者专利权的，
由国务院对外经济贸易主管部门
会同国务院科学技术行政部门
批准。

第十五条

除依照专利法第十条规定转
让专利权外，专利权因其他事由
发生转移的，当事人应当凭有关
证明文件或者法律文书向国务院
专利行政部门办理专利权人变更
手续。

提供方便的人或者从事其他辅助
工作的人，不是发明人或者设
计人。

第十四条

除依照专利法第十条规定转
让专利权外，专利权因其他事由
发生转移的，当事人应当凭有关
证明文件或者法律文书向国务院
专利行政部门办理**专利权转移**
手续。

---

❶ 本条修改后的内容见修改后文本第四十一条。

专利权人与他人订立的专利实施许可合同，应当自合同生效之日起3个月内向国务院专利行政部门备案。

专利权人与他人订立的专利实施许可合同，应当自合同生效之日起3个月内向国务院专利行政部门备案。

以专利权出质的，由出质人和质权人共同向国务院专利行政部门办理出质登记。

第二章　专利的申请

第十六条
以书面形式申请专利的，应当向国务院专利行政部门提交申请文件一式两份。

以国务院专利行政部门规定的其他形式申请专利的，应当符合规定的要求。

申请人委托专利代理机构向国务院专利行政部门申请专利和办理其他专利事务的，应当同时提交委托书，写明委托权限。

申请人有2人以上且未委托专利代理机构的，除请求书中另有声明的外，以请求书中指明的第一申请人为代表人。

第十七条
专利法第二十六条第二款所称请求书中的其他事项，是指：

第二章　专利的申请

第十五条
以书面形式申请专利的，应当向国务院专利行政部门提交申请文件一式两份。

以国务院专利行政部门规定的其他形式申请专利的，应当符合规定的要求。

申请人委托专利代理机构向国务院专利行政部门申请专利和办理其他专利事务的，应当同时提交委托书，写明委托权限。

申请人有2人以上且未委托专利代理机构的，除请求书中另有声明的外，以请求书中指明的第一申请人为代表人。

第十六条
发明、实用新型或者外观设计专利申请的请求书应当写明下

列事项：

（一）发明、实用新型或者外观设计的名称；

（二）申请人是中国单位或者个人的，其名称或者姓名、地址、邮政编码、组织机构代码或者居民身份证件号码；申请人是外国人、外国企业或者外国其他组织的，其姓名或者名称、国籍或者注册的国家或者地区；

（三）发明人或者设计人的姓名；

（四）申请人委托专利代理机构的，受托机构的名称、机构代码以及该机构指定的专利代理人的姓名、执业证号码、联系电话；

（五）要求优先权的，申请人第一次提出专利申请（以下简称在先申请）的申请日、申请号以及原受理机构的名称；

（六）申请人或者专利代理机构的签字或者盖章；

（七）申请文件清单；

（八）附加文件清单；

（九）其他需要写明的有关事项。

第十七条

发明或者实用新型专利申请

（一）申请人的国籍；

（二）申请人是企业或者其他组织的，其总部所在地的国家；

（三）申请人委托专利代理机构的，应当注明的有关事项；申请人未委托专利代理机构的，其联系人的姓名、地址、邮政编码及联系电话；

（四）要求优先权的，应当注明的有关事项；

（五）申请人或者专利代理机构的签字或者盖章；

（六）申请文件清单；

（七）附加文件清单；

（八）其他需要注明的有关事项。

第十八条

发明或者实用新型专利申请

的说明书应当写明发明或者实用新型的名称，该名称应当与请求书中的名称一致。说明书应当包括下列内容：

（一）技术领域：写明要求保护的技术方案所属的技术领域；

（二）背景技术：写明对发明或者实用新型的理解、检索、审查有用的背景技术；有可能的，并引证反映这些背景技术的文件；

（三）发明内容：写明发明或者实用新型所要解决的技术问题以及解决其技术问题采用的技术方案，并对照现有技术写明发明或者实用新型的有益效果；

（四）附图说明：说明书有附图的，对各幅附图作简略说明；

（五）具体实施方式：详细写明申请人认为实现发明或者实用新型的优选方式；必要时，举例说明；有附图的，对照附图。

发明或者实用新型专利申请人应当按照前款规定的方式和顺序撰写说明书，并在说明书每一部分前面写明标题，除非其发明或者实用新型的性质用其他方式

的说明书应当写明发明或者实用新型的名称，该名称应当与请求书中的名称一致。说明书应当包括下列内容：

（一）技术领域：写明要求保护的技术方案所属的技术领域；

（二）背景技术：写明对发明或者实用新型的理解、检索、审查有用的背景技术；有可能的，并引证反映这些背景技术的文件；

（三）发明内容：写明发明或者实用新型所要解决的技术问题以及解决其技术问题采用的技术方案，并对照现有技术写明发明或者实用新型的有益效果；

（四）附图说明：说明书有附图的，对各幅附图作简略说明；

（五）具体实施方式：详细写明申请人认为实现发明或者实用新型的优选方式；必要时，举例说明；有附图的，对照附图。

发明或者实用新型专利申请人应当按照前款规定的方式和顺序撰写说明书，并在说明书每一部分前面写明标题，除非其发明或者实用新型的性质用其他方式

或者顺序撰写能节约说明书的篇幅并使他人能够准确理解其发明或者实用新型。

发明或者实用新型说明书应当用词规范、语句清楚，并不得使用"如权利要求……所述的……"一类的引用语，也不得使用商业性宣传用语。

发明专利申请包含一个或者多个核苷酸或者氨基酸序列的，说明书应当包括符合国务院专利行政部门规定的序列表。申请人应当将该序列表作为说明书的一个单独部分提交，并按照国务院专利行政部门的规定提交该序列表的计算机可读形式的副本。

第十九条

发明或者实用新型的几幅附图可以绘在一张图纸上，并按照"图1，图2，……"顺序编号排列。

附图的大小及清晰度，应当保证在该图缩小到三分之二时仍能清晰地分辨出图中的各个细节。

或者顺序撰写能节约说明书的篇幅并使他人能够准确理解其发明或者实用新型。

发明或者实用新型说明书应当用词规范、语句清楚，并不得使用"如权利要求……所述的……"一类的引用语，也不得使用商业性宣传用语。

发明专利申请包含一个或者多个核苷酸或者氨基酸序列的，说明书应当包括符合国务院专利行政部门规定的序列表。申请人应当将该序列表作为说明书的一个单独部分提交，并按照国务院专利行政部门的规定提交该序列表的计算机可读形式的副本。

实用新型专利申请说明书应当有表示要求保护的产品的形状、构造或者其结合的附图。

第十八条

发明或者实用新型的几幅附图应当按照"图1，图2，……"顺序编号排列。

发明或者实用新型说明书文字部分中未提及的附图标记不得在附图中出现，附图中未出现的附图标记不得在说明书文字部分中提及。申请文件中表示同一组

发明或者实用新型说明书文字部分中未提及的附图标记不得在附图中出现，附图中未出现的附图标记不得在说明书文字部分中提及。申请文件中表示同一组成部分的附图标记应当一致。

附图中除必需的词语外，不应当含有其他注释。

第二十条

权利要求书应当说明发明或者实用新型的技术特征，清楚、简要地表述请求保护的范围。

权利要求书有几项权利要求的，应当用阿拉伯数字顺序编号。

权利要求书中使用的科技术语应当与说明书中使用的科技术语一致，可以有化学式或者数学式，但是不得有插图。除绝对必要的外，不得使用"如说明书……部分所述"或者"如图……所示"的用语。

权利要求中的技术特征可以引用说明书附图中相应的标记，该标记应当放在相应的技术特征后并置于括号内，便于理解权利要求。附图标记不得解释为对权利要求的限制。

成部分的附图标记应当一致。

附图中除必需的词语外，不应当含有其他注释。

第十九条

权利要求书应当**记载**发明或者实用新型的技术特征。

权利要求书有几项权利要求的，应当用阿拉伯数字顺序编号。

权利要求书中使用的科技术语应当与说明书中使用的科技术语一致，可以有化学式或者数学式，但是不得有插图。除绝对必要的外，不得使用"如说明书……部分所述"或者"如图……所示"的用语。

权利要求中的技术特征可以引用说明书附图中相应的标记，该标记应当放在相应的技术特征后并置于括号内，便于理解权利要求。附图标记不得解释为对权利要求的限制。

第二十一条

权利要求书应当有独立权利要求，也可以有从属权利要求。

独立权利要求应当从整体上反映发明或者实用新型的技术方案，记载解决技术问题的必要技术特征。

从属权利要求应当用附加的技术特征，对引用的权利要求作进一步限定。

第二十二条

发明或者实用新型的独立权利要求应当包括前序部分和特征部分，按照下列规定撰写：

（一）前序部分：写明要求保护的发明或者实用新型技术方案的主题名称和发明或者实用新型主题与最接近的现有技术共有的必要技术特征；

（二）特征部分：使用"其特征是……"或者类似的用语，写明发明或者实用新型区别于最接近的现有技术的技术特征。这些特征和前序部分写明的特征合在一起，限定发明或者实用新型要求保护的范围。

发明或者实用新型的性质不

第二十条

权利要求书应当有独立权利要求，也可以有从属权利要求。

独立权利要求应当从整体上反映发明或者实用新型的技术方案，记载解决技术问题的必要技术特征。

从属权利要求应当用附加的技术特征，对引用的权利要求作进一步限定。

第二十一条

发明或者实用新型的独立权利要求应当包括前序部分和特征部分，按照下列规定撰写：

（一）前序部分：写明要求保护的发明或者实用新型技术方案的主题名称和发明或者实用新型主题与最接近的现有技术共有的必要技术特征；

（二）特征部分：使用"其特征是……"或者类似的用语，写明发明或者实用新型区别于最接近的现有技术的技术特征。这些特征和前序部分写明的特征合在一起，限定发明或者实用新型要求保护的范围。

发明或者实用新型的性质不

适于用前款方式表达的，独立权利要求可以用其他方式撰写。

一项发明或者实用新型应当只有一个独立权利要求，并写在同一发明或者实用新型的从属权利要求之前。

第二十三条

发明或者实用新型的从属权利要求应当包括引用部分和限定部分，按照下列规定撰写：

（一）引用部分：写明引用的权利要求的编号及其主题名称；

（二）限定部分：写明发明或者实用新型附加的技术特征。

从属权利要求只能引用在前的权利要求。引用两项以上权利要求的多项从属权利要求，只能以择一方式引用在前的权利要求，并不得作为另一项多项从属权利要求的基础。

第二十四条

说明书摘要应当写明发明或者实用新型专利申请所公开内容的概要，即写明发明或者实用新型的名称和所属技术领域，并清楚地反映所要解决的技术问题、

适于用前款方式表达的，独立权利要求可以用其他方式撰写。

一项发明或者实用新型应当只有一个独立权利要求，并写在同一发明或者实用新型的从属权利要求之前。

第二十二条

发明或者实用新型的从属权利要求应当包括引用部分和限定部分，按照下列规定撰写：

（一）引用部分：写明引用的权利要求的编号及其主题名称；

（二）限定部分：写明发明或者实用新型附加的技术特征。

从属权利要求只能引用在前的权利要求。引用两项以上权利要求的多项从属权利要求，只能以择一方式引用在前的权利要求，并不得作为另一项多项从属权利要求的基础。

第二十三条

说明书摘要应当写明发明或者实用新型专利申请所公开内容的概要，即写明发明或者实用新型的名称和所属技术领域，并清楚地反映所要解决的技术问题、

解决该问题的技术方案的要点以及主要用途。

说明书摘要可以包含最能说明发明的化学式；有附图的专利申请，还应当提供一幅最能说明该发明或者实用新型技术特征的附图。附图的大小及清晰度应当保证在该图缩小到 4 厘米 × 6 厘米时，仍能清晰地分辨出图中的各个细节。摘要文字部分不得超过 300 个字。摘要中不得使用商业性宣传用语。

第二十五条

申请专利的发明涉及新的生物材料，该生物材料公众不能得到，并且对该生物材料的说明不足以使所属领域的技术人员实施其发明的，除应当符合专利法和本细则的有关规定外，申请人还应当办理下列手续：

（一）在申请日前或者最迟在申请日（有优先权的，指优先权日），将该生物材料的样品提交国务院专利行政部门认可的保藏单位保藏，并在申请时或者最迟自申请日起 4 个月内提交保藏单位出具的保藏证明和存活证明；期满未提交证明的，该样品

解决该问题的技术方案的要点以及主要用途。

说明书摘要可以包含最能说明发明的化学式；有附图的专利申请，还应当提供一幅最能说明该发明或者实用新型技术特征的附图。附图的大小及清晰度应当保证在该图缩小到 4 厘米 × 6 厘米时，仍能清晰地分辨出图中的各个细节。摘要文字部分不得超过 300 个字。摘要中不得使用商业性宣传用语。

第二十四条

申请专利的发明涉及新的生物材料，该生物材料公众不能得到，并且对该生物材料的说明不足以使所属领域的技术人员实施其发明的，除应当符合专利法和本细则的有关规定外，申请人还应当办理下列手续：

（一）在申请日前或者最迟在申请日（有优先权的，指优先权日），将该生物材料的样品提交国务院专利行政部门认可的保藏单位保藏，并在申请时或者最迟自申请日起 4 个月内提交保藏单位出具的保藏证明和存活证明；期满未提交证明的，该样品

视为未提交保藏；

（二）在申请文件中，提供有关该生物材料特征的资料；

（三）涉及生物材料样品保藏的专利申请应当在请求书和说明书中写明该生物材料的分类命名（注明拉丁文名称）、保藏该生物材料样品的单位名称、地址、保藏日期和保藏编号；申请时未写明的，应当自申请日起4个月内补正；期满未补正的，视为未提交保藏。

第二十六条

发明专利申请人依照本细则第二十五条的规定保藏生物材料样品的，在发明专利申请公布后，任何单位或者个人需要将该专利申请所涉及的生物材料作为实验目的使用的，应当向国务院专利行政部门提出请求，并写明下列事项：

（一）请求人的姓名或者名称和地址；

（二）不向其他任何人提供该生物材料的保证；

（三）在授予专利权前，只作为实验目的使用的保证。

视为未提交保藏；

（二）在申请文件中，提供有关该生物材料特征的资料；

（三）涉及生物材料样品保藏的专利申请应当在请求书和说明书中写明该生物材料的分类命名（注明拉丁文名称）、保藏该生物材料样品的单位名称、地址、保藏日期和保藏编号；申请时未写明的，应当自申请日起4个月内补正；期满未补正的，视为未提交保藏。

第二十五条

发明专利申请人依照本细则**第二十四条**的规定保藏生物材料样品的，在发明专利申请公布后，任何单位或者个人需要将该专利申请所涉及的生物材料作为实验目的使用的，应当向国务院专利行政部门提出请求，并写明下列事项：

（一）请求人的姓名或者名称和地址；

（二）不向其他任何人提供该生物材料的保证；

（三）在授予专利权前，只作为实验目的使用的保证。

第二十六条

专利法所称遗传资源，是指取自人体、动物、植物或者微生物等含有遗传功能单位并具有实际或者潜在价值的材料；专利法所称依赖遗传资源完成的发明创造，是指利用了遗传资源的遗传功能完成的发明创造。

就依赖遗传资源完成的发明创造申请专利的，申请人应当在请求书中予以说明，并填写国务院专利行政部门制定的表格。

第二十七条

依照专利法第二十七条规定提交的外观设计的图片或者照片，不得小于 3 厘米 ×8 厘米，并不得大于 15 厘米 ×22 厘米。

同时请求保护色彩的外观设计专利申请，应当提交彩色图片或者照片一式两份。

申请人应当就每件外观设计产品所需要保护的内容提交有关视图或者照片，清楚地显示请求保护的对象。

第二十七条

申请人请求保护色彩的，应当提交彩色图片或者照片。

申请人应当就每件外观设计产品所需要保护的内容提交有关图片或者照片。

第二十八条

申请外观设计专利的，必要时应当写明对外观设计的简要

第二十八条

外观设计的简要说明应当写明外观设计产品的名称、用途，

说明。

外观设计的简要说明应当写明使用该外观设计的产品的设计要点、请求保护色彩、省略视图等情况。简要说明不得使用商业性宣传用语，也不能用来说明产品的性能。

外观设计的设计要点，**并指定一幅最能表明设计要点的图片或者照片。省略视图或者请求保护色彩的，应当在简要说明中写明。**

对同一产品的多项相似外观设计提出一件外观设计专利申请的，应当在简要说明中指定其中一项作为基本设计。

简要说明不得使用商业性宣传用语，也不能用来说明产品的性能。

第二十九条

国务院专利行政部门认为必要时，可以要求外观设计专利申请人提交使用外观设计的产品样品或者模型。样品或者模型的体积不得超过 30 厘米 ×30 厘米 ×30 厘米，重量不得超过 15 公斤。易腐、易损或者危险品不得作为样品或者模型提交。

第二十九条

国务院专利行政部门认为必要时，可以要求外观设计专利申请人提交使用外观设计的产品样品或者模型。样品或者模型的体积不得超过 30 厘米 ×30 厘米 ×30 厘米，重量不得超过 15 公斤。易腐、易损或者危险品不得作为样品或者模型提交。

第三十条

专利法第二十二条第三款所称已有的技术，是指申请日（有优先权的，指优先权日）前在国内外出版物上公开发表、在国内公开使用或者以其他方式为公众所知的技术，即现有技术。

第三十一条

专利法第二十四条第（二）项所称学术会议或者技术会议，是指国务院有关主管部门或者全国性学术团体组织召开的学术会议或者技术会议。

申请专利的发明创造有专利法第二十四条第（一）项或者第（二）项所列情形的，申请人应当在提出专利申请时声明，并自申请日起2个月内，提交有关国际展览会或者学术会议、技术会议的组织单位出具的有关发明创造已经展出或者发表，以及展出或者发表日期的证明文件。

申请专利的发明创造有专利法第二十四条第（三）项所列情形的，国务院专利行政部门认为必要时，可以要求申请人在指定期限内提交证明文件。

申请人未依照本条第二款的规定提出声明和提交证明文件的，或者未依照本条第三款的规定在指定期限内提交证明文件的，其申请不适用专利法第二十四条的规定。

第三十条

专利法第二十四条第（一）项所称中国政府承认的国际展览会，是指国际展览会公约规定的在国际展览局注册或者由其认可的国际展览会。

专利法第二十四条第（二）项所称学术会议或者技术会议，是指国务院有关主管部门或者全国性学术团体组织召开的学术会议或者技术会议。

申请专利的发明创造有专利法第二十四条第（一）项或者第（二）项所列情形的，申请人应当在提出专利申请时声明，并自申请日起2个月内提交有关国际展览会或者学术会议、技术会议的组织单位出具的有关发明创造已经展出或者发表，以及展出或者发表日期的证明文件。

申请专利的发明创造有专利法第二十四条第（三）项所列情形的，国务院专利行政部门认为必要时，可以要求申请人在指定期限内提交证明文件。

申请人未依照本条第三款的规定提出声明和提交证明文件的，或者未依照本条**第四款**的规

第三十二条

申请人依照专利法第三十条的规定办理要求优先权手续的，应当在书面声明中写明第一次提出专利申请（以下称在先申请）的申请日、申请号和受理该申请的国家；书面声明中未写明在先申请的申请日和受理该申请的国家的，视为未提出声明。

要求外国优先权的，申请人提交的在先申请文件副本应当经原受理机关证明；提交的证明材料中，在先申请人的姓名或者名称与在后申请的申请人姓名或者名称不一致的，应当提交优先权转让证明材料；要求本国优先权的，申请人提交的在先申请文件副本应当由国务院专利行政部门制作。

定在指定期限内提交证明文件的，其申请不适用专利法第二十四条的规定。

第三十一条

申请人依照专利法第三十条的规定要求外国优先权的，申请人提交的在先申请文件副本应当经原受理机构证明。依照国务院专利行政部门与该受理机构签订的协议，国务院专利行政部门通过电子交换等途径获得在先申请文件副本的，视为申请人提交了经该受理机构证明的在先申请文件副本。要求本国优先权，申请人在请求书中写明在先申请的申请日和申请号的，视为提交了在先申请文件副本。

要求优先权，但请求书中漏写或者错写在先申请的申请日、申请号和原受理机构名称中的一项或者两项内容的，国务院专利行政部门应当通知申请人在指定期限内补正；期满未补正的，视为未要求优先权。

要求优先权的申请人的姓名或者名称与在先申请文件副本中记载的申请人姓名或者名称不一致的，应当提交优先权转让证明材料，未提交该证明材料的，视为未要求优先权。

外观设计专利申请的申请人要求外国优先权，其在先申请未包括对外观设计的简要说明，申请人按照本细则第二十八条规定提交的简要说明未超出在先申请文件的图片或者照片表示的范围的，不影响其享有优先权。

第三十三条

申请人在一件专利申请中，可以要求一项或者多项优先权；要求多项优先权的，该申请的优先权期限从最早的优先权日起计算。

申请人要求本国优先权，在先申请是发明专利申请的，可以就相同主题提出发明或者实用新型专利申请；在先申请是实用新型专利申请的，可以就相同主题提出实用新型或者发明专利申请。但是，提出后一申请时，在先申请的主题有下列情形之一的，不得作为要求本国优先权的基础：

（一）已经要求外国优先权或者本国优先权的；

（二）已经被授予专利

第三十二条

申请人在一件专利申请中，可以要求一项或者多项优先权；要求多项优先权的，该申请的优先权期限从最早的优先权日起计算。

申请人要求本国优先权，在先申请是发明专利申请的，可以就相同主题提出发明或者实用新型专利申请；在先申请是实用新型专利申请的，可以就相同主题提出实用新型或者发明专利申请。但是，提出后一申请时，在先申请的主题有下列情形之一的，不得作为要求本国优先权的基础：

（一）已经要求外国优先权或者本国优先权的；

（二）已经被授予专利

权的；

（三）属于按照规定提出的分案申请的。

申请人要求本国优先权的，其在先申请自后一申请提出之日起即视为撤回。

第三十四条

在中国没有经常居所或者营业所的申请人，申请专利或者要求外国优先权的，国务院专利行政部门认为必要时，可以要求其提供下列文件：

（一）国籍证明；

（二）申请人是企业或者其他组织的，其营业所或者总部所在地的证明文件；

（三）申请人的所属国，承认中国单位和个人可以按照该国国民的同等条件，在该国享有专利权、优先权和其他与专利有关的权利的证明文件。

第三十五条

依照专利法第三十一条第一款规定，可以作为一件专利申请提出的属于一个总的发明构思的两项以上的发明或者实用新型，

权的；

（三）属于按照规定提出的分案申请的。

申请人要求本国优先权的，其在先申请自后一申请提出之日起即视为撤回。

第三十三条

在中国没有经常居所或者营业所的申请人，申请专利或者要求外国优先权的，国务院专利行政部门认为必要时，可以要求其提供下列文件：

（一）**申请人是个人的，其**国籍证明；

（二）申请人是企业或者其他组织的，其**注册的国家或者地区**的证明文件；

（三）申请人的所属国，承认中国单位和个人可以按照该国国民的同等条件，在该国享有专利权、优先权和其他与专利有关的权利的证明文件。

第三十四条

依照专利法第三十一条第一款规定，可以作为一件专利申请提出的属于一个总的发明构思的两项以上的发明或者实用新型，

应当在技术上相互关联，包含一个或者多个相同或者相应的特定技术特征，其中特定技术特征是指每一项发明或者实用新型作为整体，对现有技术作出贡献的技术特征。

第三十六条

专利法第三十一条第二款所称同一类别，是指产品属于分类表中同一小类；成套出售或者使用，是指各产品的设计构思相同，并且习惯上是同时出售、同时使用。

依照专利法第三十一条第二款规定将两项以上外观设计作为一件申请提出的，应当将各项外观设计顺序编号标在每件使用外观设计产品的视图名称之前。

第三十五条

依照专利法第三十一条第二款规定，将同一产品的多项相似外观设计作为一件申请提出的，对该产品的其他设计应当与简要说明中指定的基本设计相似。一件外观设计专利申请中的相似外观设计不得超过 10 项。

专利法第三十一条第二款所称同一类别**并且**成套出售或者使用的产品**的两项以上外观设计**，是指**各产品**属于分类表中同一**大类**，习惯上同时出售**或者**同时使用，**而且各产品的外观设计具有相同的设计构思**。

将两项以上外观设计作为一件申请提出的，应当将各项外观设计**的**顺序编号**标注**在每件外观设计产品**各幅图片或者照片的名称之前**。

第三十七条

申请人撤回专利申请的，应当向国务院专利行政部门提出声明，写明发明创造的名称、申请号和申请日。

撤回专利申请的声明在国务院专利行政部门作好公布专利申请文件的印刷准备工作后提出的，申请文件仍予公布；但是，撤回专利申请的声明应当在以后出版的专利公报上予以公告。

第三章 专利申请的审查和批准

第三十八条

在初步审查、实质审查、复审和无效宣告程序中，实施审查和审理的人员有下列情形之一的，应当自行回避，当事人或者其他利害关系人可以要求其回避：

（一）是当事人或者其代理人的近亲属的；

（二）与专利申请或者专利权有利害关系的；

（三）与当事人或者其代理人有其他关系，可能影响公正审查和审理的；

第三十六条

申请人撤回专利申请的，应当向国务院专利行政部门提出声明，写明发明创造的名称、申请号和申请日。

撤回专利申请的声明在国务院专利行政部门作好公布专利申请文件的印刷准备工作后提出的，申请文件仍予公布；但是，撤回专利申请的声明应当在以后出版的专利公报上予以公告。

第三章 专利申请的审查和批准

第三十七条

在初步审查、实质审查、复审和无效宣告程序中，实施审查和审理的人员有下列情形之一的，应当自行回避，当事人或者其他利害关系人可以要求其回避：

（一）是当事人或者其代理人的近亲属的；

（二）与专利申请或者专利权有利害关系的；

（三）与当事人或者其代理人有其他关系，可能影响公正审查和审理的；

（四）专利复审委员会成员曾参与原申请的审查的。

第三十九条

国务院专利行政部门收到发明或者实用新型专利申请的请求书、说明书（实用新型必须包括附图）和权利要求书，或者外观设计专利申请的请求书和外观设计的图片或者照片后，应当明确申请日、给予申请号，并通知申请人。

第四十条

专利申请文件有下列情形之一的，国务院专利行政部门不予受理，并通知申请人：

（一）发明或者实用新型专利申请缺少请求书、说明书（实用新型无附图）和权利要求书的，或者外观设计专利申请缺少请求书、图片或者照片的；

（二）未使用中文的；

（三）不符合本细则第一百二十条第一款规定的；

（四）请求书中缺少申请人姓名或者名称及地址的；

（五）明显不符合专利法第十八条或者第十九条第一款的规

（四）专利复审委员会成员曾参与原申请的审查的。

第三十八条

国务院专利行政部门收到发明或者实用新型专利申请的请求书、说明书（实用新型必须包括附图）和权利要求书，或者外观设计专利申请的请求书、外观设计的图片或者照片**和简要说明**后，应当明确申请日、给予申请号，并通知申请人。

第三十九条

专利申请文件有下列情形之一的，国务院专利行政部门不予受理，并通知申请人：

（一）发明或者实用新型专利申请缺少请求书、说明书（实用新型无附图）**或者**权利要求书的，或者外观设计专利申请缺少请求书、图片或者照片、**简要说明**的；

（二）未使用中文的；

（三）不符合本细则第一百二十一条第一款规定的；

（四）请求书中缺少申请人姓名或者名称、**或者缺少地址**的；

定的；

（六）专利申请类别（发明、实用新型或者外观设计）不明确或者难以确定的。

第四十一条

说明书中写有对附图的说明但无附图或者缺少部分附图的，申请人应当在国务院专利行政部门指定的期限内补交附图或者声明取消对附图的说明。申请人补交附图的，以向国务院专利行政部门提交或者邮寄附图之日为申请日；取消对附图的说明的，保留原申请日。

（五）明显不符合专利法第十八条或者第十九条第一款的规定的；

（六）专利申请类别（发明、实用新型或者外观设计）不明确或者难以确定的。

第四十条

说明书中写有对附图的说明但无附图或者缺少部分附图的，申请人应当在国务院专利行政部门指定的期限内补交附图或者声明取消对附图的说明。申请人补交附图的，以向国务院专利行政部门提交或者邮寄附图之日为申请日；取消对附图的说明的，保留原申请日。

第四十一条

两个以上的申请人同日（指申请日；有优先权的，指优先权日）分别就同样的发明创造申请专利的，应当在收到国务院专利行政部门的通知后自行协商确定申请人。

同一申请人在同日（指申请日）对同样的发明创造既申请实用新型专利又申请发明专利的，应当在申请时分别说明对同样的发明创造已申请了另一专利；未作说明的，依照专利法第九条第一款关于同样的发明创造只能授予一项专利权的规定处理。

国务院专利行政部门公告授予实用新型专利权，应当公告申请人已依照本条第二款的规定同时申请了发明专利的说明。

发明专利申请经审查没有发现驳回理由，国务院专利行政部门应当通知申请人在规定期限内声明放弃实用新型专利权。申请人声明放弃的，国务院专利行政部门应当作出授予发明专利权的决定，并在公告授予发明专利权时一并公告申请人放弃实用新型专利权声明。申请人不同意放弃的，国务院专利行政部门应当驳回该发明专利申请；申请人期满未答复的，视为撤回该发明专利申请。

实用新型专利权自公告授予发明专利权之日起终止。

第四十二条

一件专利申请包括两项以上发明、实用新型或者外观设计的，申请人可以在本细则第五十

第四十二条

一件专利申请包括两项以上发明、实用新型或者外观设计的，申请人可以在本细则第五十

四条第一款规定的期限届满前，向国务院专利行政部门提出分案申请；但是，专利申请已经被驳回、撤回或者视为撤回的，不能提出分案申请。

国务院专利行政部门认为一件专利申请不符合专利法第三十一条和本细则第三十五条或者第三十六条的规定的，应当通知申请人在指定期限内对其申请进行修改；申请人期满未答复的，该申请视为撤回。

分案的申请不得改变原申请的类别。

第四十三条

依照本细则第四十二条规定提出的分案申请，可以保留原申请日，享有优先权的，可以保留优先权日，但是不得超出原申请公开的范围。

分案申请应当依照专利法及本细则的规定办理有关手续。

分案申请的请求书中应当写明原申请的申请号和申请日。提交分案申请时，申请人应当提交原申请文件副本；原申请享有优先权的，并应当提交原申请的优先权文件副本。

四条第一款规定的期限届满前，向国务院专利行政部门提出分案申请；但是，专利申请已经被驳回、撤回或者视为撤回的，不能提出分案申请。

国务院专利行政部门认为一件专利申请不符合专利法第三十一条和本细则第三十四条或者第三十五条的规定的，应当通知申请人在指定期限内对其申请进行修改；申请人期满未答复的，该申请视为撤回。

分案的申请不得改变原申请的类别。

第四十三条

依照本细则第四十二条规定提出的分案申请，可以保留原申请日，享有优先权的，可以保留优先权日，但是不得超出原申请记载的范围。

分案申请应当依照专利法及本细则的规定办理有关手续。

分案申请的请求书中应当写明原申请的申请号和申请日。提交分案申请时，申请人应当提交原申请文件副本；原申请享有优先权的，并应当提交原申请的优先权文件副本。

第四十四条

专利法第三十四条和第四十条所称初步审查，是指审查专利申请是否具备专利法第二十六条或者第二十七条规定的文件和其他必要的文件，这些文件是否符合规定的格式，并审查下列各项：

（一）发明专利申请是否明显属于专利法第五条、第二十五条的规定，或者不符合专利法第十八条、第十九条第一款的规定，或者明显不符合专利法第三十一条第一款、第三十三条、本细则第二条第一款、第十八条、第二十条的规定；

（二）实用新型专利申请是否明显属于专利法第五条、第二十五条的规定，或者不符合专利法第十八条、第十九条第一款的规定，或者明显不符合专利法第二十六条第三款、第四款、第三十一条第一款、第三十三条、本细则第二条第二款、第十三条第一款、第十八条至第二十三条、第四十三条第一款的规定，或者依照专利法第九条规定不能取得专利权；

第四十四条

专利法第三十四条和第四十条所称初步审查，是指审查专利申请是否具备专利法第二十六条或者第二十七条规定的文件和其他必要的文件，这些文件是否符合规定的格式，并审查下列各项：

（一）发明专利申请是否明显属于专利法第五条、第二十五条规定**的情形，是否**不符合专利法第十八条、第十九条第一款、**第二十条第一款或者本细则第十六条、第二十六条第二款**的规定，是否明显不符合专利法**第二条第二款、第二十六条第五款**、第三十一条第一款、第三十三条**或者本细则第十七条至第二十一条**的规定；

（二）实用新型专利申请是否明显属于专利法第五条、第二十五条规定**的情形，是否**不符合专利法第十八条、第十九条第一款、**第二十条第一款或者本细则第十六条至第十九条、第二十一条至第二十三条**的规定，是否明显不符合专利法**第二条第三款、第二十二条第二款、第四款、第**

（三）外观设计专利申请是否明显属于专利法第五条的规定，或者不符合专利法第十八条、第十九条第一款的规定，或者明显不符合专利法第三十一条第二款、第三十三条、本细则第二条第三款、第十三条第一款、第四十三条第一款的规定，或者依照专利法第九条规定不能取得专利权。

国务院专利行政部门应当将审查意见通知申请人，要求其在指定期限内陈述意见或者补正；申请人期满未答复的，其申请视为撤回。申请人陈述意见或者补正后，国务院专利行政部门仍然认为不符合前款所列各项规定的，应当予以驳回。

二十六条第三款、第四款、第三十一条第一款、第三十三条**或者**本细则**第二十条**、第四十三条第一款的规定，**是否依照专利法第九条规定不能取得专利权；**

（三）外观设计专利申请是否明显属于专利法第五条、**第二十五条第一款第（六）项规定的情形，是否**不符合专利法第十八条、第十九条第一款**或者本细则第十六条、第二十七条、第二十八条**的规定，**是否明显不符合专利法第二条第四款、第二十三条第一款、第二十七条第二款、**第三十一条第二款、第三十三条**或者**本细则第四十三条第一款的规定，是否依照专利法第九条规定不能取得专利权；

（四）申请文件是否符合本细则第二条、第三条第一款的规定。

国务院专利行政部门应当将审查意见通知申请人，要求其在指定期限内陈述意见或者补正；申请人期满未答复的，其申请视为撤回。申请人陈述意见或者补正后，国务院专利行政部门仍然认为不符合前款所列各项规定的，应当予以驳回。

第四十五条

除专利申请文件外，申请人向国务院专利行政部门提交的与专利申请有关的其他文件，有下列情形之一的，视为未提交：

（一）未使用规定的格式或者填写不符合规定的；

（二）未按照规定提交证明材料的。

国务院专利行政部门应当将视为未提交的审查意见通知申请人。

第四十六条

申请人请求早日公布其发明专利申请的，应当向国务院专利行政部门声明。国务院专利行政部门对该申请进行初步审查后，除予以驳回的外，应当立即将申请予以公布。

第四十七条

申请人依照专利法第二十七条的规定写明使用外观设计的产品及其所属类别时，应当使用国务院专利行政部门公布的外观设计产品分类表。未写明使用外观设计的产品所属类别或者所写的

第四十五条

除专利申请文件外，申请人向国务院专利行政部门提交的与专利申请有关的其他文件有下列情形之一的，视为未提交：

（一）未使用规定的格式或者填写不符合规定的；

（二）未按照规定提交证明材料的。

国务院专利行政部门应当将视为未提交的审查意见通知申请人。

第四十六条

申请人请求早日公布其发明专利申请的，应当向国务院专利行政部门声明。国务院专利行政部门对该申请进行初步审查后，除予以驳回的外，应当立即将申请予以公布。

第四十七条

申请人写明使用外观设计的产品及其所属类别的，应当使用国务院专利行政部门公布的外观设计产品分类表。未写明使用外观设计的产品所属类别或者所写的类别不确切的，国务院专利行

类别不确切的，国务院专利行政部门可以予以补充或者修改。

政部门可以予以补充或者修改。

第四十八条

自发明专利申请公布之日起至公告授予专利权之日止，任何人均可以对不符合专利法规定的专利申请向国务院专利行政部门提出意见，并说明理由。

第四十八条

自发明专利申请公布之日起至公告授予专利权之日前，任何人均可以对不符合专利法规定的专利申请向国务院专利行政部门提出意见，并说明理由。

第四十九条

发明专利申请人因有正当理由无法提交专利法第三十六条规定的检索资料或者审查结果资料的，应当向国务院专利行政部门声明，并在得到有关资料后补交。

第四十九条

发明专利申请人因有正当理由无法提交专利法第三十六条规定的检索资料或者审查结果资料的，应当向国务院专利行政部门声明，并在得到有关资料后补交。

第五十条

国务院专利行政部门依照专利法第三十五条第二款的规定对专利申请自行进行审查时，应当通知申请人。

第五十条

国务院专利行政部门依照专利法第三十五条第二款的规定对专利申请自行进行审查时，应当通知申请人。

第五十一条

发明专利申请人在提出实质审查请求时以及在收到国务院专利行政部门发出的发明专利申请进入实质审查阶段通知书之日起

第五十一条

发明专利申请人在提出实质审查请求时以及在收到国务院专利行政部门发出的发明专利申请进入实质审查阶段通知书之日起

的 3 个月内，可以对发明专利申请主动提出修改。

实用新型或者外观设计专利申请人自申请日起 2 个月内，可以对实用新型或者外观设计专利申请主动提出修改。

申请人在收到国务院专利行政部门发出的审查意见通知书后对专利申请文件进行修改的，应当按照通知书的要求进行修改。

国务院专利行政部门可以自行修改专利申请文件中文字和符号的明显错误。国务院专利行政部门自行修改的，应当通知申请人。

第五十二条

发明或者实用新型专利申请的说明书或者权利要求书的修改部分，除个别文字修改或者增删外，应当按照规定格式提交替换页。外观设计专利申请的图片或者照片的修改，应当按照规定提交替换页。

第五十三条

依照专利法第三十八条的规定，发明专利申请经实质审查应

的 3 个月内，可以对发明专利申请主动提出修改。

实用新型或者外观设计专利申请人自申请日起 2 个月内，可以对实用新型或者外观设计专利申请主动提出修改。

申请人在收到国务院专利行政部门发出的审查意见通知书后对专利申请文件进行修改的，应当**针对**通知书**指出的缺陷**进行修改。

国务院专利行政部门可以自行修改专利申请文件中文字和符号的明显错误。国务院专利行政部门自行修改的，应当通知申请人。

第五十二条

发明或者实用新型专利申请的说明书或者权利要求书的修改部分，除个别文字修改或者增删外，应当按照规定格式提交替换页。外观设计专利申请的图片或者照片的修改，应当按照规定提交替换页。

第五十三条

依照专利法第三十八条的规定，发明专利申请经实质审查应

当予以驳回的情形是指：

（一）申请不符合本细则第二条第一款规定的；

（二）申请属于专利法第五条、第二十五条的规定，或者不符合专利法第二十二条、本细则第十三条第一款、第二十条第一款、第二十一条第二款的规定，或者依照专利法第九条规定不能取得专利权的；

（三）申请不符合专利法第二十六条第三款、第四款或者第三十一条第一款的规定的；

（四）申请的修改不符合专利法第三十三条规定，或者分案的申请不符合本细则第四十三条第一款规定的。

第五十四条

国务院专利行政部门发出授予专利权的通知后，申请人应当自收到通知之日起2个月内办理登记手续。申请人按期办理登记手续的，国务院专利行政部门应当授予专利权，颁发专利证书，并予以公告。

期满未办理登记手续的，视为放弃取得专利权的权利。

当予以驳回的情形是指：

（一）申请属于专利法第五条、第二十五条规定的情形，或者依照专利法第九条规定不能取得专利权的；

（二）申请不符合专利法第二条第二款、第二十条第一款、第二十二条、第二十六条第三款、第四款、第五款、第三十一条第一款或者本细则第二十条第二款规定的；

（三）申请的修改不符合专利法第三十三条规定，或者分案的申请不符合本细则第四十三条第一款的规定的。

第五十四条

国务院专利行政部门发出授予专利权的通知后，申请人应当自收到通知之日起2个月内办理登记手续。申请人按期办理登记手续的，国务院专利行政部门应当授予专利权，颁发专利证书，并予以公告。

期满未办理登记手续的，视为放弃取得专利权的权利。

第五十五条

授予实用新型专利权的决定公告后，实用新型专利权人可以请求国务院专利行政部门作出实用新型专利检索报告。

请求作出实用新型专利检索报告的，应当提交请求书，并指明实用新型专利的专利号。每项请求应当限于一项实用新型专利。

国务院专利行政部门收到作出实用新型专利检索报告的请求后，应当进行审查。请求不符合规定要求的，应当通知请求人在指定期限内补正。

第五十六条

经审查，实用新型专利检索报告请求书符合规定的，国务院专利行政部门应当及时作出实用新型专利检索报告。

经检索，国务院专利行政部

第五十五条

保密专利申请经审查没有发现驳回理由的，国务院专利行政部门应当作出授予保密专利权的决定，颁发保密专利证书，登记保密专利权的有关事项。

第五十六条

授予实用新型**或者外观设计**专利权的决定公告后，**专利法第六十条规定的**专利权人**或者利害关系人可以**请求国务院专利行政部门作出**专利权评价报告**。

请求作出**专利权评价**报告的，应当提交**专利权评价报告请**求书，**写明**专利号。每项请求应当限于一项专利权。

专利权评价报告请求书不符合规定的，国务院专利行政部门应当通知请求人在指定期限内补正；**请求人期满未补正的，视为未提出请求。**

第五十七条

国务院专利行政部门应当自收到专利权评价报告请求书后2个月内作出专利权评价报告。对同一项实用新型或者外观设计专利权，有多个请求人请求作出专门认为所涉及的实用新型专利不符合专利法第二十二条关于新颖性或者创造性的规定的，应当引证对比文件，说明理由，并附具所引证对比文件的复印件。

利权评价报告的，国务院专利行政部门仅作出一份评价报告。任何单位或者个人可以查阅或者复制该专利权评价报告。

第五十七条

国务院专利行政部门对专利公告、专利文件中出现的错误，一经发现，应当及时更正，并对所作更正予以公告。

第五十八条

国务院专利行政部门对专利公告、专利**单行本**中出现的错误，一经发现，应当及时更正，并对所作更正予以公告。

第四章　专利申请的复审与专利权的无效宣告

第四章　专利申请的复审与专利权的无效宣告

第五十八条

专利复审委员会由国务院专利行政部门指定的技术专家和法律专家组成，主任委员由国务院专利行政部门负责人兼任。

第五十九条

专利复审委员会由国务院专利行政部门指定的技术专家和法律专家组成，主任委员由国务院专利行政部门负责人兼任。

第五十九条

依照专利法第四十一条的规定向专利复审委员会请求复审的，应当提交复审请求书，说明理由，必要时还应当附具有关证据。

复审请求书不符合规定格式的，复审请求人应当在专利复审

第六十条

依照专利法第四十一条的规定向专利复审委员会请求复审的，应当提交复审请求书，说明理由，必要时还应当附具有关证据。

复审请求不符合专利法第十九条第一款或者第四十一条第一

委员会指定的期限内补正；期满未补正的，该复审请求视为未提出。

第六十条

请求人在提出复审请求或者在对专利复审委员会的复审通知书作出答复时，可以修改专利申请文件；但是，修改应当仅限于消除驳回决定或者复审通知书指出的缺陷。

修改的专利申请文件应当提交一式两份。

第六十一条

专利复审委员会应当将受理的复审请求书转交国务院专利行政部门原审查部门进行审查。原审查部门根据复审请求人的请求，同意撤销原决定的，专利复审委员会应当据此作出复审决定，并通知复审请求人。

款规定的，专利复审委员会不予受理，书面通知复审请求人并说明理由。

复审请求书不符合规定格式的，复审请求人应当在专利复审委员会指定的期限内补正；期满未补正的，该复审请求视为未提出。

第六十一条

请求人在提出复审请求或者在对专利复审委员会的复审通知书作出答复时，可以修改专利申请文件；但是，修改应当仅限于消除驳回决定或者复审通知书指出的缺陷。

修改的专利申请文件应当提交一式两份。

第六十二条

专利复审委员会应当将受理的复审请求书转交国务院专利行政部门原审查部门进行审查。原审查部门根据复审请求人的请求，同意撤销原决定的，专利复审委员会应当据此作出复审决定，并通知复审请求人。

第六十二条

专利复审委员会进行复审后，认为复审请求不符合专利法和本细则有关规定的，应当通知复审请求人，要求其在指定期限内陈述意见。期满未答复的，该复审请求视为撤回；经陈述意见或者进行修改后，专利复审委员会认为仍不符合专利法和本细则有关规定的，应当作出维持原驳回决定的复审决定。

专利复审委员会进行复审后，认为原驳回决定不符合专利法和本细则有关规定的，或者认为经过修改的专利申请文件消除了原驳回决定指出的缺陷的，应当撤销原驳回决定，由原审查部门继续进行审查程序。

第六十三条

复审请求人在专利复审委员会作出决定前，可以撤回其复审请求。

复审请求人在专利复审委员会作出决定前撤回其复审请求的，复审程序终止。

第六十四条

依照专利法第四十五条的规

第六十三条

专利复审委员会进行复审后，认为复审请求不符合专利法和本细则有关规定的，应当通知复审请求人，要求其在指定期限内陈述意见。期满未答复的，该复审请求视为撤回；经陈述意见或者进行修改后，专利复审委员会认为仍不符合专利法和本细则有关规定的，应当作出维持原驳回决定的复审决定。

专利复审委员会进行复审后，认为原驳回决定不符合专利法和本细则有关规定的，或者认为经过修改的专利申请文件消除了原驳回决定指出的缺陷的，应当撤销原驳回决定，由原审查部门继续进行审查程序。

第六十四条

复审请求人在专利复审委员会作出决定前，可以撤回其复审请求。

复审请求人在专利复审委员会作出决定前撤回其复审请求的，复审程序终止。

第六十五条

依照专利法第四十五条的规

定，请求宣告专利权无效或者部分无效的，应当向专利复审委员会提交专利权无效宣告请求书和必要的证据一式两份。无效宣告请求书应当结合提交的所有证据，具体说明无效宣告请求的理由，并指明每项理由所依据的证据。

前款所称无效宣告请求的理由，是指被授予专利的发明创造不符合专利法第二十二条、第二十三条、第二十六条第三款、第四款、第三十三条或者本细则第二条、第十三条第一款、第二十条第一款、第二十一条第二款的规定，或者属于专利法第五条、第二十五条的规定，或者依照专利法第九条规定不能取得专利权。

第六十五条

专利权无效宣告请求书不符合本细则第六十四条规定的，专利复审委员会不予受理。

在专利复审委员会就无效宣告请求作出决定之后，又以同样的理由和证据请求无效宣告的，专利复审委员会不予受理。

以授予专利权的外观设计与

定，请求宣告专利权无效或者部分无效的，应当向专利复审委员会提交专利权无效宣告请求书和必要的证据一式两份。无效宣告请求书应当结合提交的所有证据，具体说明无效宣告请求的理由，并指明每项理由所依据的证据。

前款所称无效宣告请求的理由，是指被授予专利的发明创造不符合专利法**第二条、第二十条第一款**、第二十二条、第二十三条、第二十六条第三款、第四款、**第二十七条第二款**、第三十三条或者本细则第二十条第二款、**第四十三条第一款**的规定，或者属于专利法第五条、第二十五条的规定，或者依照专利法第九条规定不能取得专利权。

第六十六条

专利权无效宣告请求不符合**专利法第十九条第一款或者**本细则**第六十五条**规定的，专利复审委员会不予受理。

在专利复审委员会就无效宣告请求作出决定之后，又以同样的理由和证据请求无效宣告的，专利复审委员会不予受理。

他人在先取得的合法权利相冲突为理由请求宣告外观设计专利权无效，但是未提交生效的能够证明权利冲突的处理决定或者判决的，专利复审委员会不予受理。

专利权无效宣告请求书不符合规定格式的，无效宣告请求人应当在专利复审委员会指定的期限内补正；期满未补正的，该无效宣告请求视为未提出。

第六十六条

在专利复审委员会受理无效宣告请求后，请求人可以在提出无效宣告请求之日起1个月内增加理由或者补充证据。逾期增加理由或者补充证据的，专利复审委员会可以不予考虑。

第六十七条

专利复审委员会应当将专利权无效宣告请求书和有关文件的副本送交专利权人，要求其在指定的期限内陈述意见。

专利权人和无效宣告请求人应当在指定期限内答复专利复审委员会发出的转送文件通知书或者无效宣告请求审查通知书；期满未答复的，不影响专利复审委

以**不符合专利法第二十三条第三款的规定**为理由请求宣告外观设计专利权无效，但是未提交证明权利冲突的**证据**的，专利复审委员会不予受理。

专利权无效宣告请求书不符合规定格式的，无效宣告请求人应当在专利复审委员会指定的期限内补正；期满未补正的，该无效宣告请求视为未提出。

第六十七条

在专利复审委员会受理无效宣告请求后，请求人可以在提出无效宣告请求之日起1个月内增加理由或者补充证据。逾期增加理由或者补充证据的，专利复审委员会可以不予考虑。

第六十八条

专利复审委员会应当将专利权无效宣告请求书和有关文件的副本送交专利权人，要求其在指定的期限内陈述意见。

专利权人和无效宣告请求人应当在指定期限内答复专利复审委员会发出的转送文件通知书或者无效宣告请求审查通知书；期满未答复的，不影响专利复审委

员会审理。

第六十八条

在无效宣告请求的审查过程中，发明或者实用新型专利的专利权人可以修改其权利要求书，但是不得扩大原专利的保护范围。

发明或者实用新型专利的专利权人不得修改专利说明书和附图，外观设计专利的专利权人不得修改图片、照片和简要说明。

第六十九条

专利复审委员会根据当事人的请求或者案情需要，可以决定对无效宣告请求进行口头审理。

专利复审委员会决定对无效宣告请求进行口头审理的，应当向当事人发出口头审理通知书，告知举行口头审理的日期和地点。当事人应当在通知书指定的期限内作出答复。

无效宣告请求人对专利复审委员会发出的口头审理通知书在指定的期限内未作答复，并且不参加口头审理的，其无效宣告请求视为撤回；专利权人不参加口头审理的，可以缺席审理。

员会审理。

第六十九条

在无效宣告请求的审查过程中，发明或者实用新型专利的专利权人可以修改其权利要求书，但是不得扩大原专利的保护范围。

发明或者实用新型专利的专利权人不得修改专利说明书和附图，外观设计专利的专利权人不得修改图片、照片和简要说明。

第七十条

专利复审委员会根据当事人的请求或者案情需要，可以决定对无效宣告请求进行口头审理。

专利复审委员会决定对无效宣告请求进行口头审理的，应当向当事人发出口头审理通知书，告知举行口头审理的日期和地点。当事人应当在通知书指定的期限内作出答复。

无效宣告请求人对专利复审委员会发出的口头审理通知书在指定的期限内未作答复，并且不参加口头审理的，其无效宣告请求视为撤回；专利权人不参加口头审理的，可以缺席审理。

第七十条

在无效宣告请求审查程序中，专利复审委员会指定的期限不得延长。

第七十一条

专利复审委员会对无效宣告的请求作出决定前，无效宣告请求人可以撤回其请求。

无效宣告请求人在专利复审委员会作出决定之前撤回其请求的，无效宣告请求审查程序终止。

第五章　专利实施的强制许可

第七十一条

在无效宣告请求审查程序中，专利复审委员会指定的期限不得延长。

第七十二条

专利复审委员会对无效宣告的请求作出决定前，无效宣告请求人可以撤回其请求。

专利复审委员会作出决定之前，无效宣告请求人撤回其请求或者其无效宣告请求被视为撤回的，无效宣告请求审查程序终止。但是，专利复审委员会认为根据已进行的审查工作能够作出宣告专利权无效或者部分无效的决定的，不终止审查程序。

第五章　专利实施的强制许可

第七十三条

专利法第四十八条第（一）项所称未充分实施其专利，是指专利权人及其被许可人实施其专利的方式或者规模不能满足国内对专利产品或者专利方法的需求。

专利法第五十条所称取得专利权的药品，是指解决公共健康问题所需的医药领域中的任何专利产品或者依照专利方法直接获得的产品，包括取得专利权的制造该产品所需的活性成分以及使用该产品所需的诊断用品。

第七十二条

自专利权被授予之日起满 3 年后，任何单位均可以依照专利法第四十八条的规定，请求国务院专利行政部门给予强制许可。

请求强制许可的，应当向国务院专利行政部门提交强制许可请求书，说明理由并附具有关证明文件各一式两份。

国务院专利行政部门应当将强制许可请求书的副本送交专利权人，专利权人应当在国务院专利行政部门指定的期限内陈述意见；期满未答复的，不影响国务院专利行政部门作出关于强制许可的决定。

国务院专利行政部门作出的给予实施强制许可的决定，应当限定强制许可实施主要是为供应国内市场的需要；强制许可涉及的发明创造是半导体技术的，强

第七十四条

请求给予强制许可的，应当向国务院专利行政部门提交强制许可请求书，说明理由并附具有关证明文件。

国务院专利行政部门应当将强制许可请求书的副本送交专利权人，专利权人应当在国务院专利行政部门指定的期限内陈述意见；期满未答复的，不影响国务院专利行政部门作出决定。

国务院专利行政部门在作出驳回强制许可请求的决定或者给予强制许可的决定前，应当通知请求人和专利权人拟作出的决定及其理由。

国务院专利行政部门依照专利法第五十条的规定作出给予强制许可的决定，应当同时符合中国缔结或者参加的有关国际条约关于为了解决公共健康问题而给

制许可实施仅限于公共的非商业性使用，或者经司法程序或者行政程序确定为反竞争行为而给予救济的使用。

第七十三条

依照专利法第五十四条的规定，请求国务院专利行政部门裁决使用费数额的，当事人应当提出裁决请求书，并附具双方不能达成协议的证明文件。国务院专利行政部门应当自收到请求书之日起 3 个月内作出裁决，并通知当事人。

第六章　对职务发明创造的发明人或者设计人的奖励和报酬

予强制许可的规定，但中国作出保留的除外。

第七十五条

依照专利法第五十七条的规定，请求国务院专利行政部门裁决使用费数额的，当事人应当提出裁决请求书，并附具双方不能达成协议的证明文件。国务院专利行政部门应当自收到请求书之日起 3 个月内作出裁决，并通知当事人。

第六章　对职务发明创造的发明人或者设计人的奖励和报酬

第七十六条

被授予专利权的单位可以与发明人或者设计人约定或者在其依法制定的规章制度中规定专利法第十六条规定的奖励、报酬的方式和数额。

企业、事业单位给予发明人或者设计人的奖励、报酬，按照国家有关财务、会计制度的规定进行处理。

第七十四条

被授予专利权的国有企业事业单位应当自专利权公告之日起3个月内发给发明人或者设计人奖金。一项发明专利的奖金最低不少于2000元；一项实用新型专利或者外观设计专利的奖金最低不少于500元。

由于发明人或者设计人的建议被其所属单位采纳而完成的发明创造，被授予专利权的国有企业事业单位应当从优发给奖金。

发给发明人或者设计人的奖金，企业可以计入成本，事业单位可以从事业费中列支。

第七十五条

被授予专利权的国有企业事业单位在专利权有效期限内，实施发明创造专利后，每年应当从实施该项发明或者实用新型专利所得利润纳税后提取不低于2%或者从实施该项外观设计专利所得利润纳税后提取不低于0.2%，作为报酬支付发明人或者设计人；或者参照上述比例，发给发明人或者设计人一次性报酬。

第七十七条

被授予专利权的单位未与发明人或者设计人约定也未在其依法制定的规章制度中规定专利法第十六条规定的奖励的方式和数额的，应当自专利权公告之日起3个月内发给发明人或者设计人奖金。一项发明专利的奖金最低不少于3000元；一项实用新型专利或者外观设计专利的奖金最低不少于1000元。

由于发明人或者设计人的建议被其所属单位采纳而完成的发明创造，被授予专利权的单位应当从优发给奖金。

第七十八条

被授予专利权的单位未与发明人或者设计人约定也未在其依法制定的规章制度中规定专利法第十六条规定的报酬的方式和数额的，在专利权有效期限内，实施发明创造专利后，每年应当从实施该项发明或者实用新型专利的营业利润中提取不低于2%或者从实施该项外观设计专利的营业利润中提取不低于0.2%，作为报酬给予发明人或者设计人，

第七十六条

被授予专利权的国有企业事业单位许可其他单位或者个人实施其专利的，应当从许可实施该项专利收取的使用费纳税后提取不低于 10% 作为报酬支付发明人或者设计人

第七十七条

本章关于奖金和报酬的规定，中国其他单位可以参照执行。

第七章　专利权的保护

第七十八条

专利法和本细则所称管理专利工作的部门，是指由省、自治区、直辖市人民政府以及专利管理工作量大又有实际处理能力的设区的市人民政府设立的管理专利工作的部门。

第七十九条❶

除专利法第五十七条规定的

或者参照上述比例，给予发明人或者设计人一次性报酬；被授予专利权的单位许可其他单位或者个人实施其专利的，应当从收取的使用费**中**提取不低于 10%，作为报酬**给予**发明人或者设计人。

第七章　专利权的保护

第七十九条

专利法和本细则所称管理专利工作的部门，是指由省、自治区、直辖市人民政府以及专利管理工作量大又有实际处理能力的设区的市人民政府设立的管理专利工作的部门。

---

❶ 本条修改后的内容见修改后文本第八十五条。

外，管理专利工作的部门应当事人请求，还可以对下列专利纠纷进行调解：

（一）专利申请权和专利权归属纠纷；

（二）发明人、设计人资格纠纷；

（三）职务发明的发明人、设计人的奖励和报酬纠纷；

（四）在发明专利申请公布后专利权授予前使用发明而未支付适当费用的纠纷。

对于前款第（四）项所列的纠纷，专利权人请求管理专利工作的部门调解，应当在专利权被授予之后提出。

第八十条

国务院专利行政部门应当对管理专利工作的部门处理和调解专利纠纷进行业务指导。

第八十一条

当事人请求处理或者调解专利纠纷的，由被请求人所在地或者侵权行为地的管理专利工作的部门管辖。

两个以上管理专利工作的部

第八十条

国务院专利行政部门应当对管理专利工作的部门处理**专利侵权纠纷**、**查处假冒专利行为**、调解专利纠纷进行业务指导。

第八十一条

当事人请求处理**专利侵权纠纷**或者调解专利纠纷的，由被请求人所在地或者侵权行为地的管理专利工作的部门管辖。

两个以上管理专利工作的部

门都有管辖权的专利纠纷，当事人可以向其中一个管理专利工作的部门提出请求；当事人向两个以上有管辖权的管理专利工作的部门提出请求的，由最先受理的管理专利工作的部门管辖。

管理专利工作的部门对管辖权发生争议的，由其共同的上级人民政府管理专利工作的部门指定管辖；无共同上级人民政府管理专利工作的部门的，由国务院专利行政部门指定管辖。

第八十二条

在处理专利侵权纠纷过程中，被请求人提出无效宣告请求并被专利复审委员会受理的，可以请求管理专利工作的部门中止处理。

管理专利工作的部门认为被请求人提出的中止理由明显不能成立的，可以不中止处理。

第八十三条

专利权人依照专利法第十五条的规定，在其专利产品或者该产品的包装上标明专利标记的，应当按照国务院专利行政部门规定的方式予以标明。

门都有管辖权的专利纠纷，当事人可以向其中一个管理专利工作的部门提出请求；当事人向两个以上有管辖权的管理专利工作的部门提出请求的，由最先受理的管理专利工作的部门管辖。

管理专利工作的部门对管辖权发生争议的，由其共同的上级人民政府管理专利工作的部门指定管辖；无共同上级人民政府管理专利工作的部门的，由国务院专利行政部门指定管辖。

第八十二条

在处理专利侵权纠纷过程中，被请求人提出无效宣告请求并被专利复审委员会受理的，可以请求管理专利工作的部门中止处理。

管理专利工作的部门认为被请求人提出的中止理由明显不能成立的，可以不中止处理。

第八十三条

专利权人依照专利法第十七条的规定，在其专利产品或者该产品的包装上标明专利**标识**的，应当按照国务院专利行政部门规定的方式予以标明。

专利标识不符合前款规定
的，由管理专利工作的部门责令
改正。

第八十四条

下列行为属于假冒他人专利
的行为：

（一）未经许可，在其制造
或者销售的产品、产品的包装上
标注他人的专利号；

（二）未经许可，在广告或
者其他宣传材料中使用他人的专
利号，使人将所涉及的技术误认
为是他人的专利技术；

（三）未经许可，在合同中
使用他人的专利号，使人将合同
涉及的技术误认为是他人的专利
技术；

（四）伪造或者变造他人的
专利证书、专利文件或者专利申
请文件。

第八十五条

下列行为属于以非专利产品
冒充专利产品、以非专利方法冒
充专利方法的行为：

（一）制造或者销售标有专
利标记的非专利产品；

（二）专利权被宣告无效

第八十四条

下列行为属于专利法第六十
三条规定的假冒专利的行为：

（一）在未被授予专利权的
产品或者其包装上标注专利标
识，专利权被宣告无效后或者终
止后继续在产品或者其包装上标
注专利标识，或者未经许可在产
品或者产品包装上标注他人的专
利号；

（二）销售第（一）项所述
产品；

（三）在产品说明书等材料
中将未被授予专利权的技术或者
设计称为专利技术或者专利设
计，将专利申请称为专利，或者
未经许可使用他人的专利号，使
公众将所涉及的技术或者设计误
认为是专利技术或者专利设计；

（四）伪造或者变造专利证
书、专利文件或者专利申请
文件；

（五）其他使公众造成混
淆，将未被授予专利权的技术或
者设计误认为是专利技术或者专

后，继续在制造或者销售的产品上标注专利标记；

（三）在广告或者其他宣传材料中将非专利技术称为专利技术；

（四）在合同中将非专利技术称为专利技术；

（五）伪造或者变造专利证书、专利文件或者专利申请文件。

利设计的行为。

专利权终止前依法在专利产品、依照专利方法直接获得的产品或者其包装上标注专利标识，在专利权终止后许诺销售、销售该产品的，不属于假冒专利行为。

销售不知道是假冒专利的产品，并且能够证明该产品合法来源的，由管理专利工作的部门责令停止销售，但免除罚款的处罚。

第八十五条

除专利法**第六十条**规定的外，管理专利工作的部门应当事人请求，可以对下列专利纠纷进行调解：

（一）专利申请权和专利权归属纠纷；

（二）发明人、设计人资格纠纷；

（三）职务发明**创造**的发明人、设计人的奖励和报酬纠纷；

（四）在发明专利申请公布后专利权授予前使用发明而未支付适当费用的纠纷；

（五）**其他专利纠纷。**

对于前款第（四）项所列的

纠纷，**当事人请求管理专利工作的部门调解的**，应当在专利权被授予之后提出。

第八十六条

当事人因专利申请权或者专利权的归属发生纠纷，已请求管理专利工作的部门处理或者向人民法院起诉的，可以请求国务院专利行政部门中止有关程序。

依照前款规定请求中止有关程序的，应当向国务院专利行政部门提交请求书，并附具管理专利工作的部门或者人民法院的有关受理文件副本。

在管理专利工作的部门作出的处理决定或者人民法院作出的判决生效后，当事人应当向国务院专利行政部门办理恢复有关程序的手续。自请求中止之日起 1 年内，有关专利申请权或者专利权归属的纠纷未能结案，需要继续中止有关程序的，请求人应当在该期限内请求延长中止。期满未请求延长的，国务院专利行政部门自行恢复有关程序。

第八十六条

当事人因专利申请权或者专利权的归属发生纠纷，已请求管理专利工作的部门**调解**或者向人民法院起诉的，可以请求国务院专利行政部门中止有关程序。

依照前款规定请求中止有关程序的，应当向国务院专利行政部门提交请求书，并附具管理专利工作的部门或者人民法院的**写明申请号或者专利号的**有关受理文件副本。

管理专利工作的部门作出的**调解书**或者人民法院作出的判决生效后，当事人应当向国务院专利行政部门办理恢复有关程序的手续。自请求中止之日起 1 年内，有关专利申请权或者专利权归属的纠纷未能结案，需要继续中止有关程序的，请求人应当在该期限内请求延长中止。期满未请求延长的，国务院专利行政部门自行恢复有关程序。

第八十七条

人民法院在审理民事案件中裁定对专利权采取保全措施的，国务院专利行政部门在协助执行时中止被保全的专利权的有关程序。保全期限届满，人民法院没有裁定继续采取保全措施的，国务院专利行政部门自行恢复有关程序。

第八十七条

人民法院在审理民事案件中裁定对**专利申请权或者**专利权采取保全措施的，国务院专利行政部门**应当在收到写明申请号或者专利号的裁定书和协助执行通知书之日**中止被保全的**专利申请权或者**专利权的有关程序。保全期限届满，人民法院没有裁定继续采取保全措施的，国务院专利行政部门自行恢复有关程序。

第八十八条

国务院专利行政部门根据本细则第八十六条和第八十七条规定中止有关程序，是指暂停专利申请的初步审查、实质审查、复审程序，授予专利权程序和专利权无效宣告程序；暂停办理放弃、变更、转移专利权或者专利申请权手续，专利权质押手续以及专利权期限届满前的终止手续等。

第八章　专利登记和专利公报

第八十八条

国务院专利行政部门设置专

第八章　专利登记和专利公报

第八十九条

国务院专利行政部门设置专

利登记簿，登记下列与专利申请和专利权有关的事项：

（一）专利权的授予；

（二）专利申请权、专利权的转移；

（三）专利权的质押、保全及其解除；

（四）专利实施许可合同的备案；

（五）专利权的无效宣告；

（六）专利权的终止；

（七）专利权的恢复；

（八）专利实施的强制许可；

（九）专利权人的姓名或者名称、国籍和地址的变更。

第八十九条

国务院专利行政部门定期出版专利公报，公布或者公告下列内容：

（一）专利申请中记载的著录事项；

（二）发明或者实用新型说明书的摘要，外观设计的图片或者照片及其简要说明；

（三）发明专利申请的实质审查请求和国务院专利行政部门对发明专利申请自行进行实质审

利登记簿，登记下列与专利申请和专利权有关的事项：

（一）专利权的授予；

（二）专利申请权、专利权的转移；

（三）专利权的质押、保全及其解除；

（四）专利实施许可合同的备案；

（五）专利权的无效宣告；

（六）专利权的终止；

（七）专利权的恢复；

（八）专利实施的强制许可；

（九）专利权人的姓名或者名称、国籍和地址的变更。

第九十条

国务院专利行政部门定期出版专利公报，公布或者公告下列内容：

（一）发明专利申请的著录事项和说明书摘要；

（二）发明专利申请的实质审查请求和国务院专利行政部门对发明专利申请自行进行实质审查的决定；

（三）发明专利申请公布后的驳回、撤回、视为撤回、**视为**

查的决定；

（四）保密专利的解密；

（五）发明专利申请公布后的驳回、撤回和视为撤回；

（六）专利权的授予；

（七）专利权的无效宣告；

（八）专利权的终止；

（九）专利申请权、专利权的转移；

（十）专利实施许可合同的备案；

（十一）专利权的质押、保全及其解除；

（十二）专利实施的强制许可的给予；

（十三）专利申请或者专利权的恢复；

（十四）专利权人的姓名或者名称、地址的变更；

（十五）对地址不明的当事人的通知；

（十六）国务院专利行政部门作出的更正；

（十七）其他有关事项。

发明或者实用新型的说明书及其附图、权利要求书由国务院专利行政部门另行全文出版。

放弃、恢复和转移；

（四）专利权的授予以及专利权的著录事项；

（五）发明或者实用新型专利的说明书摘要，外观设计专利的一幅图片或者照片；

（六）国防专利、保密专利的解密；

（七）专利权的无效宣告；

（八）专利权的终止、恢复；

（九）专利权的转移；

（十）专利实施许可合同的备案；

（十一）专利权的质押、保全及其解除；

（十二）专利实施的强制许可的给予；

（十三）专利权人的姓名或者名称、地址的变更；

（十四）文件的公告送达；

（十五）国务院专利行政部门作出的更正；

（十六）其他有关事项。

第九十一条

国务院专利行政部门应当提供专利公报、发明专利申请单行本以及发明专利、实用新型专利、外观设计专利单行本，供公众免费查阅。

第九十二条

国务院专利行政部门负责按照互惠原则与其他国家、地区的专利机关或者区域性专利组织交换专利文献。

第九章　费　用

第九十条

向国务院专利行政部门申请专利和办理其他手续时，应当缴纳下列费用：

（一）申请费、申请附加费、公布印刷费；

（二）发明专利申请实质审查费、复审费；

（三）专利登记费、公告印刷费、申请维持费、年费；

（四）著录事项变更费、优先权要求费、恢复权利请求费、延长期限请求费、实用新型专利检索报告费；

第九章　费　用

第九十三条

向国务院专利行政部门申请专利和办理其他手续时，应当缴纳下列费用：

（一）申请费、申请附加费、公布印刷费、优先权要求费；

（二）发明专利申请实质审查费、复审费；

（三）专利登记费、公告印刷费、年费；

（四）恢复权利请求费、延长期限请求费；

（五）著录事项变更费、专

（五）无效宣告请求费、中止程序请求费、强制许可请求费、强制许可使用费的裁决请求费。

前款所列各种费用的缴纳标准，由国务院价格管理部门会同国务院专利行政部门规定。

第九十一条

专利法和本细则规定的各种费用，可以直接向国务院专利行政部门缴纳，也可以通过邮局或者银行汇付，或者以国务院专利行政部门规定的偶他方式缴纳。

通过邮局或者银行汇付的，应当在送交国务院专利行政部门的汇单上写明正确的申请号或者专利号以及缴纳的费用名称。不符合本款规定的，视为未办理缴费手续。

直接向国务院专利行政部门缴纳费用的，以缴纳当日为缴费日。以邮局汇付方式缴纳费用的，以邮局汇出的邮戳日为缴费日。以银行汇付方式缴纳费用的，以银行实际汇出日为缴费日；但是，自汇出日至国务院专利行政部门收到日超过15日的，除邮局或者银行出具证明外，以

利权评价报告请求费、无效宣告请求费。

前款所列各种费用的缴纳标准，由国务院价格管理部门、**财政部门**会同国务院专利行政部门规定。

第九十四条

专利法和本细则规定的各种费用，可以直接向国务院专利行政部门缴纳，也可以通过邮局或者银行汇付，或者以国务院专利行政部门规定的其他方式缴纳。

通过邮局或者银行汇付的，应当在送交国务院专利行政部门的汇单上写明正确的申请号或者专利号以及缴纳的费用名称。不符合本款规定的，视为未办理缴费手续。

直接向国务院专利行政部门缴纳费用的，以缴纳当日为缴费日；以邮局汇付方式缴纳费用的，以邮局汇出的邮戳日为缴费日；以银行汇付方式缴纳费用的，以银行实际汇出日为缴费日。

多缴、重缴、错缴专利费用的，当事人可以自缴费日起 **3** 年

国务院专利行政部门收到日为缴费日。

多缴、重缴、错缴专利费用的，当事人可以自缴费日起 1 年内，向国务院专利行政部门提出退款请求。

第九十二条

申请人应当在收到受理通知书后，最迟自申请之日起 2 个月内缴纳申请费、公布印刷费和必要的附加费；期满未缴纳或者未缴足的，其申请视为撤回。

申请人要求优先权的，应当在缴纳申请费的同时缴纳优先权要求费；期满未缴纳或者未缴足的，视为未要求优先权。

第九十三条

当事人请求实质审查、恢复权利或者复审的，应当在专利法及本细则规定的相关期限内缴纳费用；期满未缴纳或者未缴足的，视为未提出请求。

第九十四条

发明专利申请人自申请日起满 2 年尚未被授予专利权的，自

内，向国务院专利行政部门提出退款请求，**国务院专利行政部门应当予以退还。**

第九十五条

申请人应当自申请日起 2 个月内或者在收到受理通知书**之日起 15 日内**缴纳申请费、公布印刷费和必要的**申请**附加费；期满未缴纳或者未缴足的，其申请视为撤回。

申请人要求优先权的，应当在缴纳申请费的同时缴纳优先权要求费；期满未缴纳或者未缴足的，视为未要求优先权。

第九十六条

当事人请求实质审查或者复审的，应当在专利法及本细则规定的相关期限内缴纳费用；期满未缴纳或者未缴足的，视为未提出请求。

第三年度起应当缴纳申请维持费。

第九十五条

申请人办理登记手续时，应当缴纳专利登记费、公告印刷费和授予专利权当年的年费。发明专利申请人应当一并缴纳各个年度的申请维持费，授予专利权的当年不包括在内。期满未缴纳费用的，视为未办理登记手续。以后的年费应当在前一年度期满前1个月内预缴。

第九十六条

专利权人未按时缴纳授予专利权当年以后的年费或者缴纳的数额不足的，国务院专利行政部门应当通知专利权人自应当缴纳年费期满之日起6个月内补缴，同时缴纳滞纳金；滞纳金的金额按照每超过规定的缴费时间1个月，加收当年全额年费的5%计算；期满未缴纳的，专利权自应当缴纳年费期满之日起终止。

第九十七条 著录事项变更费、实用新型专利检索报告费、

第九十七条

申请人办理登记手续时，应当缴纳专利登记费、公告印刷费和授予专利权当年的年费；期满未缴纳或者未缴足的，视为未办理登记手续。

第九十八条

授予专利权当年以后的年费应当在上一年度期满前缴纳。专利权人未缴纳或者未缴足的，国务院专利行政部门应当通知专利权人自应当缴纳年费期满之日起6个月内补缴，同时缴纳滞纳金；滞纳金的金额按照每超过规定的缴费时间1个月，加收当年全额年费的5%计算；期满未缴纳的，专利权自应当缴纳年费期满之日起终止。

第九十九条

恢复权利请求费应当在本细

中止程序请求费、强制许可请求费、强制许可使用费的裁决请求费、无效宣告请求费应当自提出请求之日起 1 个月内，按照规定缴纳；延长期限请求费应当在相应期限届满之日前缴纳；期满未缴纳或者未缴足的，视为未提出请求。

则规定的相关期限内缴纳；期满未缴纳或者未缴足的，**视为未提出请求。**

延长期限请求费应当在相应期限届满之日前缴纳；期满未缴纳或者未缴足的，视为未提出请求。

著录事项变更费、**专利权评价报告请求费**、无效宣告请求费应当自提出请求之日起 1 个月内缴纳；期满未缴纳或者未缴足的，视为未提出请求。

第九十八条

申请人或者专利权人缴纳本细则规定的各种费用有困难的，可以按照规定向国务院专利行政部门提出减缴或者缓缴的请求。减缴或者缓缴的办法由国务院专利行政部门商国务院财政部门、国务院价格管理部门规定。

第一百条

申请人或者专利权人缴纳本细则规定的各种费用有困难的，可以按照规定向国务院专利行政部门提出减缴或者缓缴的请求。减缴或者缓缴的办法由国务院财政部门**会同**国务院价格管理部门、国务院专利行政部门规定。

第十章　关于国际申请的特别规定

第九十九条

国务院专利行政部门根据专利法第二十条规定，受理按照专利合作条约提出的专利国际

第十章　关于国际申请的特别规定

第一百零一条

国务院专利行政部门根据专利法第二十条规定，受理按照专利合作条约提出的专利国际

申请。

按照专利合作条约提出并指定中国的专利国际申请（以下简称国际申请）进入中国国家阶段的条件和程序适用本章的规定；本章没有规定的，适用专利法及本细则其他各章的有关规定。

第一百条

按照专利合作条约已确定国际申请日并指定中国的国际申请，视为向国务院专利行政部门提出的专利申请，该国际申请日视为专利法第二十八条所称的申请日。

在国际阶段，国际申请或者国际申请中对中国的指定撤回或者视为撤回的，该国际申请在中国的效力终止。

第一百零一条

国际申请的申请人应当在专利合作条约第二条所称的优先权日（本章简称"优先权日"）起30个月内，向国务院专利行政部门办理国际申请进入中国国家阶段的下列手续：

申请。

按照专利合作条约提出并指定中国的专利国际申请（以下简称国际申请）**进入国务院专利行政部门处理阶段（以下称进入中国国家阶段）**的条件和程序适用本章的规定；本章没有规定的，适用专利法及本细则其他各章的有关规定。

第一百零二条

按照专利合作条约已确定国际申请日并指定中国的国际申请，视为向国务院专利行政部门提出的专利申请，该国际申请日视为专利法第二十八条所称的申请日。

第一百零三条

国际申请的申请人应当在专利合作条约第二条所称的优先权日（本章简称优先权日）起30个月内，向国务院专利行政部门办理进入中国国家阶段的**手续；申请人未在该期限内办理该手续**

（一）提交其国际申请进入中国国家阶段的书面声明。声明中应当写明国际申请号，并以中文写明要求获得的专利权类型、发明创造的名称、申请人姓名或者名称、申请人的地址和发明人的姓名，上述内容应当与国际局的记录一致；

（二）缴纳本细则第九十条第一款规定的申请费、申请附加费和公布印刷费；

（三）国际申请以中文以外的文字提出的，应当提交原始国际申请的说明书、权利要求书、附图中的文字和摘要的中文译文；国际申请以中文提出的，应当提交国际公布文件中的摘要副本；

（四）国际申请有附图的，应当提交附图副本。国际申请以中文提出的，应当提交国际公布文件中的摘要附图副本。

申请人在前款规定的期限内未办理进入中国国家阶段手续的，在缴纳宽限费后，可以在自优先权日起 32 个月的相应期限届满前办理。

的，在缴纳宽限费后，可以在自优先权日起 32 个月**内办理进入中国国家阶段的手续。**

第一百零四条

申请人**依照**本细则**第一百零三条的**规定办理进入中国国家阶段的手续**的，应当符合下列要求：**

（一）**以中文提交进入中国国家阶段的书面声明，写明国际申请号和要求获得的专利权类型；**

（二）缴纳本细则**第九十三**条第一款规定的申请费、公布印刷费，**必要时缴纳本细则第一百零三条规定的宽限费；**

（三）国际申请以**外文**提出的，**提交**原始国际申请的说明书和权利要求书的中文译文；

（四）**在进入中国国家阶段的书面声明中写明发明创造的名称，申请人姓名或者名称、地址和发明人的姓名，上述内容应当与世界知识产权组织国际局（以下简称国际局）的记录一致；国际申请中未写明发明人的，在上述声明中写明发明人的姓名；**

（五）**国际申请以外文提出**

· 172 ·

的，提交摘要的中文译文，有附图和摘要附图的，提交附图副本和摘要附图副本，附图中有文字的，将其替换为对应的中文文字；国际申请以中文提出的，提交国际公布文件中的摘要和摘要附图副本；

（六）在国际阶段向国际局已办理申请人变更手续的，提供变更后的申请人享有申请权的证明材料；

（七）必要时缴纳本细则第九十三条第一款规定的申请附加费。

符合本条第一款第（一）项至第（三）项要求的，国务院专利行政部门应当给予申请号，明确国际申请进入中国国家阶段的日期（以下简称进入日），并通知申请人其国际申请已进入中国国家阶段。

国际申请已进入中国国家阶段，但不符合本条第一款第（四）项至第（七）项要求的，国务院专利行政部门应当通知申请人在指定期限内补正；期满未补正的，其申请视为撤回。

第一百零二条

申请人在本细则第一百零一条第二款规定的期限内未办理进入中国国家阶段手续，或者在该期限届满时有下列情形之一的，其国际申请在中国的效力终止：

（一）进入中国国家阶段声明中未写明国际申请号的；

（二）未缴纳本细则第九十条第一款规定的申请费、公布印刷费和本细则第一百零一条第二款规定的宽限费的；

（三）国际申请以中文以外的文字提出而未提交原始国际申请的说明书和权利要求书的中文译文的。

国际申请在中国的效力已经终止的，不适用本细则第七条第二款的规定。

第一百零三条❶

申请人办理进入中国国家阶段手续时有下列情形之一的，国务院专利行政部门应当通知申请

第一百零五条

国际申请有下列情形之一的，其在中国的效力终止：

（一）在国际阶段，国际申请被撤回或者被视为撤回，或者国际申请对中国的指定被撤回的；

（二）申请人未在优先权日起32个月内按照本细则第一百零三条规定办理进入中国国家阶段手续的；

（三）申请人办理进入中国国家阶段的手续，但自优先权日起32个月期限届满仍不符合本细则第一百零四条第（一）项至第（三）项要求的。

依照前款第（一）项的规定，国际申请在中国的效力终止的，不适用本细则第六条的规定；依照前款第（二）项、第（三）项的规定，国际申请在中国的效力终止的，不适用本细则第六条第二款的规定。

---

❶ 本条修改后的内容见修改后文本第一百零四条。

人在指定期限内补正：

（一）未提交摘要的中文译文或者摘要副本的；

（二）未提交附图副本或者摘要附图副本的；

（三）未在进入中国国家阶段声明中以中文写明发明创造的名称、申请人姓名或者名称、申请人的地址和发明人的姓名的；

（四）进入中国国家阶段声明的内容或者格式不符合规定的。

期限届满申请人未补正的，其申请视为撤回。

第一百零四条

国际申请在国际阶段作过修改，申请人要求以经修改的申请文件为基础进行审查的，申请人应当在国务院专利行政部门作好国家公布的准备工作前提交修改的中文译文。在该期间内未提交中文译文的，对申请人在国际阶段提出的修改，国务院专利行政部门不予考虑。

第一百零五条❶

申请人办理进入中国国家阶

第一百零六条

国际申请在国际阶段作过修改，申请人要求以经修改的申请文件为基础进行审查的，应当**自进入日起 2 个月内提交修改部分**的中文译文。在该期间内未提交中文译文的，对申请人在国际阶段提出的修改，国务院专利行政部门不予考虑。

第一百零七条

国际申请涉及的发明创造有

---

❶　本条修改后的部分内容见修改后文本第一百零四条。

段手续时，还应当满足下列要求：

（一）国际申请中未指明发明人的，在进入中国国家阶段声明中指明发明人姓名；

（二）国际阶段向国际局已办理申请人变更手续的，应当提供变更后的申请人享有申请权的证明材料；

（三）申请人与作为优先权基础的在先申请的申请人不是同一人，或者提出在先申请后更改姓名的，必要时，应当提供申请人享有优先权的证明材料；

（四）国际申请涉及的发明创造有专利法第二十四条第（一）项或者第（二）项所列情形之一，在提出国际申请时作过声明的，应当在进入中国国家阶段声明中予以说明，并自办理进入中国国家阶段手续之日起 2 个月内提交本细则第三十一条第二款规定的有关证明文件。

申请人未满足前款第（一）项、第（二）项和第（三）项要求的，国务院专利行政部门应当通知申请人在指定期限内补正。期满未补正第（一）项或者第（二）项内容的，该申请视为撤回；期满未补正第（三）

专利法第二十四条第（一）项或者第（二）项所列情形之一，在提出国际申请时作过声明的，**申请人**应当在进入中国国家阶段的**书面**声明中予以说明，**并自进入日起 2 个月内提交本细则第三十条第三款规定的有关证明文件；未予说明或者期满未提交证明文件的**，其申请不适用专利法第二十四条的规定。

项内容的，该优先权要求视为未提出。

申请人未满足本条第一款第（四）项要求的，其申请不适用专利法第二十四条的规定。

第一百零六条

申请人按照专利合作条约的规定，对生物材料样品的保藏已作出说明的，视为已经满足了本细则第二十五条第（三）项的要求。申请人应当在进入中国国家阶段声明中指明记载生物材料样品保藏事项的文件以及在该文件中的具体记载位置。

申请人在原始提交的国际申请的说明书中已记载生物材料样品保藏事项，但是没有在进入中国国家阶段声明中指明的，应当在办理进入中国国家阶段手续之日起4个月内补正。期满未补正的，该生物材料视为未提交保藏。

申请人在办理进入中国国家阶段手续之日起4个月内向国务院专利行政部门提交生物材料样品保藏证明和存活证明的，视为在本细则第二十五条第（一）项规定的期限内提交。

第一百零八条

申请人按照专利合作条约的规定，对生物材料样品的保藏已作出说明的，视为已经满足了本细则**第二十四条**第（三）项的要求。申请人应当在进入中国国家阶段声明中指明记载生物材料样品保藏事项的文件以及在该文件中的具体记载位置。

申请人在原始提交的国际申请的说明书中已记载生物材料样品保藏事项，但是没有在进入中国国家阶段声明中指明的，应当自进入日起4个月内补正。期满未补正的，该生物材料视为未提交保藏。

申请人自进入日起4个月内向国务院专利行政部门提交生物材料样品保藏证明和存活证明的，视为在本细则**第二十四条**第（一）项规定的期限内提交。

国际申请涉及的发明创造依赖遗传资源完成的，申请人应当在国际申请进入中国国家阶段的书面声明中予以说明，并填写国务院专利行政部门制定的表格。

第一百零七条

申请人在国际阶段已要求一项或者多项优先权，在进入中国国家阶段时该优先权要求继续有效的，视为已经依照专利法第三十条的规定提出了书面声明。

申请人在国际阶段提出的优先权书面声明有书写错误或者未写明在先申请的申请号的，可以在办理进入中国国家阶段手续时提出改正请求或者写明在先申请的申请号。申请人提出改正请求的，应当缴纳改正优先权要求请求费。

申请人在国际阶段已依照专利合作条约的规定，提交过在先申请文件副本的，办理进入中国国家阶段手续时不需要向国务院专利行政部门提交在先申请文件副本。申请人在国际阶段未提交在先申请文件副本的，国务院专

第一百一十条

申请人在国际阶段已要求一项或者多项优先权，在进入中国国家阶段时该优先权要求继续有效的，视为已经依照专利法第三十条的规定提出了书面声明。

申请人应当自进入日起 2 个月内缴纳优先权要求费；期满未缴纳或者未缴足的，视为未要求该优先权。

申请人在国际阶段已依照专利合作条约的规定，提交过在先申请文件副本的，办理进入中国国家阶段手续时不需要向国务院专利行政部门提交在先申请文件副本。申请人在国际阶段未提交在先申请文件副本的，国务院专利行政部门认为必要时，可以通知申请人在指定期限内补交；申请人期满未补交的，其优先权要求视为未提出。

利行政部门认为必要时，可以通知申请人在指定期限内补交。申请人期满未补交的，其优先权要求视为未提出。

优先权要求在国际阶段视为未提出并经国际局公布该信息，申请人有正当理由的，可以在办理进入中国国家阶段手续时请求国务院专利行政部门恢复其优先权要求。

第一百零八条

在优先权日起 30 个月期满前要求国务院专利行政部门提前处理和审查国际申请的，申请人除应当办理进入中国国家阶段手续外，还应当依照专利合作条约第二十三条第二款规定提出请求。国际局尚未向国务院专利行政部门传送国际申请的，申请人应当提交经确认的国际申请副本。

第一百零九条

要求获得实用新型专利权的国际申请，申请人可以在办理进入中国国家阶段手续之日起 1 个月内，向国务院专利行政部门提出修改说明书、附图和权利要

第一百一十一条

在优先权日起 30 个月期满前要求国务院专利行政部门提前处理和审查国际申请的，申请人除应当办理进入中国国家阶段手续外，还应当依照专利合作条约第二十三条第二款规定提出请求。国际局尚未向国务院专利行政部门传送国际申请的，申请人应当提交经确认的国际申请副本。

第一百一十二条

要求获得实用新型专利权的国际申请，申请人可以**自进入**日起 2 个月内对**专利申请文件主动提出修改**。

要求获得发明专利权的国际

求书。

要求获得发明专利权的国际申请，适用本细则第五十一条第一款的规定。

第一百一十条

申请人发现提交的说明书、权利要求书或者附图中的文字的中文译文存在错误的，可以在下列规定期限内依照原始国际申请文本提出改正：

（一）在国务院专利行政部门作好国家公布的准备工作之前；

（二）在收到国务院专利行政部门发出的发明专利申请进入实质审查阶段通知书之日起3个月内。

申请人改正译文错误的，应当提出书面请求，提交译文的改正页，并缴纳规定的译文改正费。

申请人按照国务院专利行政部门的通知书的要求改正译文的，应当在指定期限内办理本条第二款规定的手续；期满未办理规定手续的，该申请视为撤回。

申请，适用本细则第五十一条第一款的规定。

第一百一十三条

申请人发现提交的说明书、权利要求书或者附图中的文字的中文译文存在错误的，可以在下列规定期限内依照原始国际申请文本提出改正：

（一）在国务院专利行政部门作好公布**发明专利申请或者公告实用新型专利权**的准备工作之前；

（二）在收到国务院专利行政部门发出的发明专利申请进入实质审查阶段通知书之日起3个月内。

申请人改正译文错误的，应当提出书面请求并缴纳规定的译文改正费。

申请人按照国务院专利行政部门的通知书的要求改正译文的，应当在指定期限内办理本条第二款规定的手续；期满未办理规定手续的，该申请视为撤回。

第一百一十一条

对要求获得发明专利权的国际申请，国务院专利行政部门经初步审查认为符合专利法和本细则有关规定的，应当在专利公报上予以公布；国际申请以中文以外的文字提出的，应当公布申请文件的中文译文。

要求获得发明专利权的国际申请，由国际局以中文进行国际公布的，自国际公布日起适用专利法第十三条的规定；由国际局以中文以外的文字进行国际公布的，自国务院专利行政部门公布之日起适用专利法第十三条的规定。

对国际申请，专利法第二十一条和第二十二条中所称的公布是指本条第一款所规定的公布。

第一百一十二条

国际申请包含两项以上发明或者实用新型的，申请人在办理进入中国国家阶段手续后，依照本细则第四十二条第一款的规定，可以提出分案申请。

在国际阶段，国际检索单位或者国际初步审查单位认为国际申请不符合专利合作条约规定的

第一百一十四条

对要求获得发明专利权的国际申请，国务院专利行政部门经初步审查认为符合专利法和本细则有关规定的，应当在专利公报上予以公布；国际申请以中文以外的文字提出的，应当公布申请文件的中文译文。

要求获得发明专利权的国际申请，由国际局以中文进行国际公布的，自国际公布日起适用专利法第十三条的规定；由国际局以中文以外的文字进行国际公布的，自国务院专利行政部门公布之日起适用专利法第十三条的规定。

对国际申请，专利法第二十一条和第二十二条中所称的公布是指本条第一款所规定的公布。

第一百一十五条

国际申请包含两项以上发明或者实用新型的，申请人可以自进入日起，依照本细则第四十二条第一款的规定提出分案申请。

在国际阶段，国际检索单位或者国际初步审查单位认为国际申请不符合专利合作条约规定的单一性要求时，申请人未按照规

单一性要求时，申请人未按照规定缴纳附加费，导致国际申请某些部分未经国际检索或者未经国际初步审查，在进入中国国家阶段时，申请人要求将所述部分作为审查基础，国务院专利行政部门认为国际检索单位或者国际初步审查单位对发明单一性的判断正确的，应当通知申请人在指定期限内缴纳单一性恢复费。期满未缴纳或者未足额缴纳的，国际申请中未经检索或者未经国际初步审查的部分视为撤回。

定缴纳附加费，导致国际申请某些部分未经国际检索或者未经国际初步审查，在进入中国国家阶段时，申请人要求将所述部分作为审查基础，国务院专利行政部门认为国际检索单位或者国际初步审查单位对发明单一性的判断正确的，应当通知申请人在指定期限内缴纳单一性恢复费。期满未缴纳或者未足额缴纳的，国际申请中未经检索或者未经国际初步审查的部分视为撤回。

第一百一十三条

申请人依照本细则第一百零一条的规定提交文件和缴纳费用的，以国务院专利行政部门收到文件之日为提交日、收到费用之日为缴纳日。

提交的文件邮递延误的，申请人自发现延误之日起 1 个月内证明该文件已经在本细则第一百零一条规定的期限届满之日前 5 日交付邮寄的，该文件视为在期限届满之日收到。但是，申请人提供证明的时间不得迟于本细则第一百零一条规定的期限届满后 6 个月。

申请人依照本细则第一百零一条的规定向国务院专利行政部门提交文件，可以使用传真方式。申请人使用传真方式的，以国务院专利行政部门收到传真件之日为提交日。申请人应当自发送传真之日起 14 日内向国务院专利行政部门提交传真件的原件。期满未提交原件的，视为未提交该文件。

第一百一十四条

国际申请要求优先权的，申请人应当在办理进入中国国家阶段手续时缴纳优先权要求费；未缴纳或者未足额缴纳的，国务院专利行政部门应当通知申请人在指定的期限内缴纳；期满仍未缴纳或者未足额缴纳的，视为未要求该优先权。

第一百一十五条

国际申请在国际阶段被有关国际单位拒绝给予国际申请日或者宣布视为撤回的，申请人在收到通知之日起 2 个月内，可以请求国际局将国际申请档案中任何文件的副本转交国务院专利行政部门，并在该期限内向国务院专

第一百一十六条

国际申请在国际阶段被有关国际单位拒绝给予国际申请日或者宣布视为撤回的，申请人在收到通知之日起 2 个月内，可以请求国际局将国际申请档案中任何文件的副本转交国务院专利行政部门，并在该期限内向国务院专

利行政部门办理本细则第一百零一条规定的手续，国务院专利行政部门应当在接到国际局传送的文件后，对国际单位作出的决定是否正确进行复查。

第一百一十六条

基于国际申请授予的专利权，由于译文错误，致使依照专利法第五十六条规定确定的保护范围超出国际申请的原文所表达的范围的，以依据原文限制后的保护范围为准；致使保护范围小于国际申请的原文所表达的范围的，以授权时的保护范围为准。

第十一章 附 则

第一百一十七条

经国务院专利行政部门同意，任何人均可以查阅或者复制已经公布或者公告的专利申请的案卷和专利登记簿，并可以请求国务院专利行政部门出具专利登记簿副本。

已视为撤回、驳回和主动撤回的专利申请的案卷，自该专利申请失效之日起满 2 年后不予保存。

利行政部门办理本细则**第一百零三条**规定的手续，国务院专利行政部门应当在接到国际局传送的文件后，对国际单位作出的决定是否正确进行复查。

第一百一十七条

基于国际申请授予的专利权，由于译文错误，致使依照专利法**第五十九条**规定确定的保护范围超出国际申请的原文所表达的范围的，以依据原文限制后的保护范围为准；致使保护范围小于国际申请的原文所表达的范围的，以授权时的保护范围为准。

第十一章 附 则

第一百一十八条

经国务院专利行政部门同意，任何人均可以查阅或者复制已经公布或者公告的专利申请的案卷和专利登记簿，并可以请求国务院专利行政部门出具专利登记簿副本。

已视为撤回、驳回和主动撤回的专利申请的案卷，自该专利申请失效之日起满 2 年后不予保存。

已放弃、宣告全部无效和终止的专利权的案卷，自该专利权失效之日起满 3 年后不予保存。

第一百一十八条

向国务院专利行政部门提交申请文件或者办理各种手续，应当使用国务院专利行政部门制定的统一格式，由申请人、专利权人、其他利害关系人或者其代表人签字或者盖章；委托专利代理机构的，由专利代理机构盖章。

请求变更发明人姓名、专利申请人和专利权人的姓名或者名称、国籍和地址、专利代理机构的名称、地址和代理人姓名的，应当向国务院专利行政部门办理著录事项变更手续，并附具变更理由的证明材料。

第一百一十九条

向国务院专利行政部门邮寄有关申请或者专利权的文件，应当使用挂号信函，不得使用包裹。

除首次提交申请文件外，向国务院专利行政部门提交各种文件、办理各种手续时，应当标明申请号或者专利号、发明创造名

已放弃、宣告全部无效和终止的专利权的案卷，自该专利权失效之日起满 3 年后不予保存。

第一百一十九条

向国务院专利行政部门提交申请文件或者办理各种手续，应当由申请人、专利权人、其他利害关系人或者其代表人签字或者盖章；委托专利代理机构的，由专利代理机构盖章。

请求变更发明人姓名、专利申请人和专利权人的姓名或者名称、国籍和地址、专利代理机构的名称、地址和代理人姓名的，应当向国务院专利行政部门办理著录事项变更手续，并附具变更理由的证明材料。

第一百二十条

向国务院专利行政部门邮寄有关申请或者专利权的文件，应当使用挂号信函，不得使用包裹。

除首次提交**专利**申请文件外，向国务院专利行政部门提交各种文件、办理各种手续的，应当标明申请号或者专利号、发明

称和申请人或者专利权人姓名或者名称。

一件信函中应当只包含同一申请的文件。

第一百二十条

各类申请文件应当打字或者印刷，字迹呈黑色，整齐清晰，并不得涂改。附图应当用制图工具和黑色墨水绘制，线条应当均匀清晰，并不得涂改。

请求书、说明书、权利要求书、附图和摘要应当分别用阿拉伯数字顺序编号。

申请文件的文字部分应当横向书写。纸张限于单面使用。

第一百二十一条

国务院专利行政部门根据专利法和本细则制定专利审查指南。

第一百二十二条

本细则自 2001 年 7 月 1 日起施行。1992 年 12 月 12 日国务院批准修订、1992 年 12 月 21 日中国专利局发布的《中华人民共和国专利法实施细则》同时废止。

创造名称和申请人或者专利权人姓名或者名称。

一件信函中应当只包含同一申请的文件。

第一百二十一条

各类申请文件应当打字或者印刷，字迹呈黑色，整齐清晰，并不得涂改。附图应当用制图工具和黑色墨水绘制，线条应当均匀清晰，并不得涂改。

请求书、说明书、权利要求书、附图和摘要应当分别用阿拉伯数字顺序编号。

申请文件的文字部分应当横向书写。纸张限于单面使用。

第一百二十二条

国务院专利行政部门根据专利法和本细则制定专利审查指南。

第一百二十三条

本细则自 2001 年 7 月 1 日起施行。1992 年 12 月 12 日国务院批准修订、1992 年 12 月 21 日中国专利局发布的《中华人民共和国专利法实施细则》同时废止。

施行修改后的专利法的过渡办法

（2009 年 9 月 29 日中华人民共和国国家知识产权局令
第 53 号公布）

第一条 为了保障 2008 年 12 月 27 日公布的《全国人民代表大会常务委员会关于修改〈中华人民共和国专利法〉的决定》的施行，依照立法法第八十四条的规定，制定本办法。

第二条 修改前的专利法的规定适用于申请日在 2009 年 10 月 1 日前（不含该日，下同）的专利申请以及根据该专利申请授予的专利权；修改后的专利法的规定适用于申请日在 2009 年 10 月 1 日以后（含该日，下同）的专利申请以及根据该专利申请授予的专利权；但本办法以下各条对申请日在 2009 年 10 月 1 日前的专利申请以及根据该申请授予的专利权的特殊规定除外。

前款所述申请日的含义依照专利法实施细则的有关规定理解。

第三条 2009 年 10 月 1 日以后请求给予实施专利的强制许可的，适用修改后的专利法第六章的规定。

第四条 管理专利工作的部门对发生在 2009 年 10 月 1 日以后的涉嫌侵犯专利权行为进行处理的，适用修改后的专利法第十一条、第六十二条、第六十九条、第七十条的规定。

第五条 管理专利工作的部门对发生在 2009 年 10 月 1 日以后的涉嫌假冒专利行为进行查处的，适用修改后的专利法第六十三条、第六十四条的规定。

第六条 专利权人在 2009 年 10 月 1 日以后标明专利标识的，适用修改后的专利法第十七条的规定。

第七条　在中国没有经常居所或者营业所的外国人、外国企业或者外国其他组织在 2009 年 10 月 1 日以后委托或者变更专利代理机构的，适用修改后的专利法第十九条的规定。

第八条　本办法自 2009 年 10 月 1 日起施行。

施行修改后的专利法实施细则的过渡办法

（2010 年 1 月 21 日中华人民共和国国家知识产权局令
第 54 号公布）

第一条 为了保障 2010 年 1 月 9 日公布的《国务院关于修改
〈中华人民共和国专利法实施细则〉的决定》的施行，依照立法法
第八十四条的规定，制定本办法。

第二条 修改前的专利法实施细则的规定适用于申请日在
2010 年 2 月 1 日前（不含该日）的专利申请以及根据该专利申请
授予的专利权；修改后的专利法实施细则的规定适用于申请日在
2010 年 2 月 1 日以后（含该日，下同）的专利申请以及根据该专
利申请授予的专利权；但本办法以下各条对申请日在 2010 年 2 月
1 日前的专利申请以及根据该申请授予的专利权的特殊规定除外。

第三条 2010 年 2 月 1 日以后以不符合专利法第二十三条第
三款的规定为理由提出无效宣告请求的，对该无效宣告请求的审查
适用修改后的专利法实施细则第六十六条第三款的规定。

第四条 2010 年 2 月 1 日以后提出无效宣告请求的，对该无
效宣告请求的审查适用修改后的专利法实施细则第七十二条第二款
的规定。

第五条 专利国际申请的申请人在 2010 年 2 月 1 日以后办理
进入中国国家阶段手续的，该国际申请适用修改后的专利法实施细
则第十章的规定。

第六条 在 2010 年 2 月 1 日以后请求国家知识产权局中止有
关程序的，适用修改后的专利法实施细则第九十三条和第九十九条

的规定，不再缴纳中止程序请求费。

在 2010 年 2 月 1 日以后请求退还多缴、重缴、错缴的专利费用的，适用修改后的专利法实施细则第九十四条第四款的规定。

在 2010 年 2 月 1 日以后缴纳申请费、公布印刷费和申请附加费的，适用修改后的专利法实施细则第九十五条的规定。

在 2010 年 2 月 1 日以后办理授予专利权的登记手续的，适用修改后的专利法实施细则第九十三条和第九十七条的规定，不再缴纳申请维持费。

第七条 本办法自 2010 年 2 月 1 日起施行。

《专利法实施细则》修改大事记

1. 2007 年 2 月，国家知识产权局召开局办公会议，同意条法司提出的实施细则课题研究计划，正式启动《专利法实施细则》修改准备工作。

2. 2007 年 3 月，国家知识产权局条法司制定并公布《〈专利法实施细则〉修改研究课题指南》，就《专利法实施细则》修改涉及的 16 个重点问题的研究公开向社会招标。

3. 2007 年 4 月，《专利法实施细则》修改专题研究工作正式启动，成立了 21 个课题组，由国家知识产权局下属单位、高等院校、科研机构、专利代理机构分别承担 16 项专题的研究工作。

4. 2007 年 11 月，21 个课题组全部完成其专题研究工作，提交了专题研究报告。2008 年 6 月，国家知识产权局条法司汇集出版了《〈专利法实施细则〉修改专题研究报告》一书，分上、下两册，共 190 万字，1200 多页。

5. 2007 年 12 月至 2008 年 1 月，国家知识产权局条法司组织召开专题研讨会，讨论各课题组提出的《专利法实施细则》修改建议，国务院法制办公室、最高人民法院的代表以及部分专家学者参加。

6. 2008 年 2 月，国家知识产权局条法司在前期研究基础上起草完成《〈专利法实施细则〉修订草案》第一稿。

7. 2008 年 2 月至 2008 年 8 月，国家知识产权局条法司多次对《〈专利法实施细则〉修订草案》建议条款进行讨论，并根据《专利法》的修改情况及时作出调整和补充。

8. 2008 年 9 月，国家知识产权局条法司起草《〈专利法实施细则〉修订草案》局内征求意见稿及其说明，在国家知识产权局内部征求意见。

9. 2008 年 11 月 4 日，经国家知识产权局党组审议，《〈中华人民共和国专利法实施条例〉修订草案》征求意见稿及其说明在国家知识产权局网站上公布，公开征求公众意见。

10. 2008 年 11 ~ 12 月，国家知识产权局条法司分别在北京、山东、湖北、福建、云南、辽宁、浙江、四川等地组织召开 14 次《专利法实施细则》修改征求意见座谈会，广泛听取各方面对《〈专利法实施条例〉修订草案》征求意见稿的意见，国务院有关部委、地方专利管理机关、专利代理机构、律师事务所、中外企业的代表和专家学者参加。

11. 2009 年 2 月 24 日，国家知识产权局召开党组会议，研究条法司起草的《〈专利法实施条例〉修订草案》送审稿及其说明。

12. 2009 年 2 月 27 日，国家知识产权局向国务院上报《知识产权局关于提请审议〈中华人民共和国专利法实施条例修订草案（送审稿）〉的请示》（国知发法字［2009］43 号），正式提出国家知识产权局关于修改《专利法实施细则》的建议意见。

13. 2009 年 3 月，国务院法制办公室将送审稿及其说明送 45 个中央单位、32 个地方政府、9 个地方法院、9 个企事业单位、16 位专家学者以及有关专利代理机构和行业协会征求意见；同时，将送审稿及其说明全文在网上公开征求意见。

14. 2009 年 3 ~ 4 月国务院法制办公室教科文卫司在南京、广州、西安、洛阳、成都、沈阳分别召开《专利法实施细则》修改征求意见会，广泛听取各方面对《〈专利法实施条例〉修订草案》送审稿的意见。

15. 2009 年 4 月 28 ~ 30 日，国务院法制办公室教科文卫司与国家知识产权局条法司讨论《〈专利法实施条例〉修订草案》送审稿，对反馈意见和建议进行逐条分析、研究，对送审稿进行初步修改。

16. 2009 年 6 月 9 日，国务院法制办公室教科文卫司与国家知识产权局条法司讨论《〈专利法实施细则〉修订草案》修改稿。经过进一步修改、形成征求意见稿。

17. 2009 年 6 月 17 日，国务院法制办公室将《〈专利法实施细则〉修订草案》征求意见稿送国务院有关部门、法院以及相关行业协会等共 61 个单位第二次征求意见。

18. 2009 年 7 月 22 日，国务院法制办公室根据第二次征求意见情况，与中央机构编制委员会办公室、商务部、财政部、保密局、国家知识产权局讨论《〈专利法实施细则〉修订草案》征求意见稿。经过研究、修改，形成《国务院关于修改〈中华人民共和国专利法实施细则的决定（草案〉）》。

19. 2009 年 8 月 13 日，国务院法制办公室召开办务会议，讨论并原则通过《国务院关于修改〈中华人民共和国专利法实施细则〉的决定（草案）》。

20. 2009 年 8 月，国务院法制办公室将拟报请国务院常务会议审议的《国务院关于修改〈中华人民共和国专利法实施细则〉的决定（草案）》送交国家知识产权局以及相关部门复核。

21. 2009 年 9 月 15 日，国务院法制办公室将《国务院关于修改〈中华人民共和国专利法实施细则〉的决定（草案）》报请国务院常务会议审议。

22. 2009 年 9 月 29 日，国家知识产权局局务会议通过第五十三号局令，公布《施行修改后的专利法的过渡办法》，该办法自 2009 年 10 月 1 日起施行。

23. 2009 年 12 月 30 日，国务院召开第 95 次常务会议审议并原则通过《国务院关于修改〈中华人民共和国专利法实施细则〉的决定（草案）》。会议决定，该草案经进一步修改后，由国务院公布施行。国家知识产权局局长田力普列席会议并就有关问题进行解释和说明。

24. 2010 年 1 月 9 日，温家宝总理签署国务院第 569 号令，公布了《国务院关于修改〈中华人民共和国专利法实施细则〉的决定》，并规定自 2010 年 2 月 1 日起施行。

25. 2010 年 1 月 21 日，国家知识产权局局务会议通过第五十四号局令，公布《施行修改后的专利法实施细则的过渡办法》，该办法自 2010 年 2 月 1 日起施行。

26. 2010 年 2 月 3 日上午，国务院新闻办公室举办《专利法实施细则》修改有关情况新闻发布会，国家知识产权局条法司司长、新闻发言人尹新天和国务院法制办公室教科文卫司刘晓霞副司长向公众和与会记者介绍了本次《专利法实施细则》修改的背景、过程和主要内容，并回答了中外记者提出的问题。中国网、新华网、人民网对本次新闻发布会进行了图文直播。